25 Jahre Kauderwelsch
Jubiläumsband 5
Spanisch 3 in 1

Impressum

25 Jahre Kauderwelsch, Jubiläumsband: Spanisch 3 in 1

O'Niel V. Som: **Spanisch — Wort für Wort**
Maja K. Kandzorra & Fernando G. Outón: **Spanisch kulinarisch**
Hans-Jürgen Fründt: **Spanisch Slang — das andere Spanisch**

erschienen im Reise Know-How Verlag Peter Rump GmbH
Osnabrücker Str. 79, D-33649 Bielefeld
info@reise-know-how.de

Layout-Konzept Günter Pawlak, FaktorZwo! Bielefeld
Kartographie Iain Macneish
Umschlag Peter Rump
Fotos siehe Fotonachweis am Bild

Druck und Bindung Fuldaer Verlagsanstalt GmbH & Co. KG, Fulda

ISBN: 978-3-89416-583-3
Printed in Germany

Dieses Buch ist erhältlich in jeder Buchhandlung der BRD, Österreichs, der Schweiz und der Beneluxländer. Bitte informieren Sie Ihren Buchhändler über folgende Bezugsadressen:

BRD Prolit GmbH, Postfach 9, 35461 Fernwald (Annerod) sowie alle Barsortimente
Schweiz AVA-buch 2000, Postfach 27, CH-8910 Affoltern
Österreich Mohr Morawa Buchvertrieb GmbH, Sulzengasse 2, A-1230 Wien
Belgien & Niederlande Willems Adventure, ***www.willemsadventure.nl***
direkt Wer im Buchhandel kein Glück hat, bekommt unsere Bücher zuzüglich Porto- und Verpackungskosten auch direkt über unseren Internet-Shop: ***www.reise-know-how.de***

Zu (fast) allen Kauderwelsch-Bänden ist ein **AusspracheTrainer** auf **Audio-CD** erhältlich: in jeder Buchhandlung in Deutschland, Österreich, der Schweiz und den Benelux-Staaten — oder als **MP3-Download** unter ***www.reise-know-how.de***

Der Verlag möchte die **Reihe Kauderwelsch** weiter ausbauen und **sucht Autoren!** Mehr Informationen finden Sie unter ***www.reise-know-how.de/rkh_mitarbeit.php***

25 Jahre Kauderwelsch

Kauderwelsch wird 25! Dieser Jubiläumsband erscheint anlässlich des 25jährigen Bestehens der Reihe Kauderwelsch. Er besteht aus drei Einzelbänden in einem Buch: **Spanisch** für die allerersten Schritte in der Fremdsprache; dann **Spanisch kulinarisch** für all jene, die unterwegs nicht verhungern wollen; schließlich **„Spanisch Slang"** für alle, die etwas tiefer in die Umgangssprache einsteigen wollen.

Die Reihe Kauderwelsch, die 1984 als Globetrotter-Projekt mit Sprachen wie Indonesisch, Arabisch, Russisch und Japanisch begann, hat sich seitdem zu einer der größten Fremdsprachen-Reihen der Welt entwickelt. Es gibt schon über 200 Kauderwelsch-Bände. Was ist das Geheimnis dieses durchschlagenden Erfolges? Kauderwelsch-Bände sind logisch aufgebaut und für jedermann verständlich:

Die **Grammatik** wird in einfacher Sprache so weit erklärt, dass es möglich wird, ohne viel Paukerei mit dem Sprechen zu beginnen, wenn auch nicht gerade druckreif. In einer fremden Sprache unterscheiden sich aber auch **Satzbau** und Ausdrucksweise mitunter recht stark vom Deutschen. Alle Beispielsätze werden deshalb doppelt ins Deutsche übertragen: zum einen **Wort-für-Wort,** zum anderen in „ordentliches" Hochdeutsch. So wird das fremde Sprachsystem sehr gut durchschaubar, und man kann schnell einzelne Wörter in einem Satz austauschen.

Die **Autorinnen** und **Autoren** der Reihe sind Globetrotter, die die Sprache im Land selbst gelernt haben. Sie wissen daher genau, wie und was die Leute auf der Straße sprechen. Deren Ausdrucksweise ist nämlich häufig viel einfacher und direkter als z. B. die Sprache der Literatur oder des Fernsehens.

Besonders wichtig sind neben der gesprochenen Sprache auch **Körpersprache, Gesten, Zeichen** und **Verhaltensregeln.** In allen Bänden der Kauderwelsch-Reihe wird darum besonders auf die nonverbale Kommunikation eingegangen.

Kauderwelsch-Bücher sind keine Lehrbücher, aber viel mehr als Sprachführer! Wenn Sie ein wenig Zeit investieren und einige Vokabeln lernen, werden Sie mit ihrer Hilfe in kürzester Zeit schon Informationen bekommen und Erfahrungen machen, die „taubstummen" Reisenden verborgen bleiben.

Kauderwelsch

O'Niel V. Som

Spanisch

Wort für Wort

© Archiv Turespaña

mittelalterlicher Turm, Yanguas, Soria

Konversation

Anhang

Vorwort

Sie wollen also nach Spanien fahren. Und ich will Ihnen ein kleines Buch über die Sprache mitgeben, das Ihnen auf der Reise nützlich sein soll. Wenn Sie vorhaben, in einem First-Class-Hotel mit deutscher Bedienung zu wohnen, im Restaurant mit deutscher Küche zu essen und Stadtrundfahrten mit deutscher Reiseleitung zu machen, dann brauchen Sie natürlich kein Spanisch zu lernen.

Aber sehr viel interessanter ist es, auf eigene Faust zu versuchen, das Land zu erkunden und mit den Bewohnern in Kontakt zu kommen. Denn nur so kann man die echte spanische Lebensart kennenlernen.

Dieses Buch ist in drei Abschnitte gegliedert. Mehr dazu auf den folgenden Seiten. Sie können mit den Redewendungen oder mit der Grammatik anfangen, ganz wie Sie wollen. Nebenbei finden Sie eine Menge Hinweise und viele nützliche Tipps.

Und nun wünsche ich Ihnen
buen viaje (gute Reise).

O'Niel V. Som

Parque del Retiro, Madrid

Hinweise zur Benutzung

Der Kauderwelsch-Band „Spanisch“ ist in drei wichtige Abschnitte gegliedert:

Grammatik

Die Grammatik beschränkt sich auf das Wesentliche und ist so einfach gehalten wie möglich. Deshalb sind auch nicht sämtliche Ausnahmen und Unregelmäßigkeiten der Sprache erklärt. Wer nach der Lektüre gerne noch tiefer in die Grammatik eindringen möchte, findet im Anhang einige Tipps zum Weiterlernen. Natürlich kann man die Grammatik auch überspringen und sofort mit dem Konversationsteil beginnen. Wenn dann Fragen auftauchen, kann man immer noch in der Grammatik nachsehen.

Konversation

In diesem Teil finden Sie Sätze aus dem Alltagsgespräch, die Ihnen einen ersten Eindruck davon vermitteln sollen, wie Spanisch „funktioniert" und die Sie auf das vorbereiten sollen, was Sie später in Spanien hören werden.

Wort-für-Wort-Übersetzung

Jede Sprache hat ein typisches Satzbaumuster. Um die sich vom Deutschen unterscheidende Wortfolge der Sätze auf Spanisch zu verstehen, ist die Wort-für-Wort-Übersetzung in *kursiver* Schrift gedacht. Jedem spanischen Wort entspricht ein Wort in der Wort-für-Wort-Übersetzung.

Wird ein spanisches Wort im Deutschen durch zwei Wörter übersetzt, werden diese zwei Wörter in der Wort-für-Wort-Übersetzung mit einem Bindestrich verbunden.

¿Puede ayudarme?
(er-/sie-)kann helfen-mir
Können Sie mir helfen?

Austauschbare Wörter werden in der Wort-für-Wort-Übersetzung mit Schrägstrich getrennt:

¿Cuánto cuesta una tarjeta postal a Alemania/Austria/Suíza?
wieviel (sie-)kostet eine Karte postalisch zu Deutschland/Österreich/Schweiz
Wieviel kostet eine Postkarte nach Deutschland/Österreich/Schweiz?

Mit Hilfe der Wort-für-Wort-Übersetzung können Sie bald eigene Sätze bilden. Sie können die Beispielsätze selbst Ihren Bedürfnissen anpassen. Mit einem kleinen bisschen Kreativität und Mut können Sie sich neue Sätze „zusammenbauen", auch wenn das Ergebnis nicht immer grammatikalisch perfekt ausfällt.

Wörterlisten

Die Wörterlisten am Ende des Buches helfen Ihnen dabei. Sie enthalten einen Grundwortschatz von je ca. 1000 Wörtern Deutsch-Spanisch und Spanisch-Deutsch, mit denen man schon eine ganze Menge anfangen kann.

Die Umschlagklappe hilft, die wichtigsten Sätze und Formulierungen stets parat zu haben. Aufgeklappt ist der Umschlag eine wesentliche Erleichterung, da nun die gewünschte Satzkonstruktion mit dem entsprechenden Vokabular aus den einzelnen Kapiteln kombiniert werden kann.

Wenn alles nicht mehr weiterhilft, dann ist vielleicht das Kapitel „Nichts verstanden? – Weiterlernen!" der richtige Tipp. Es befindet sich ebenfalls im Umschlag, stets bereit, mit der richtigen Formulierung für z. B. „Ich habe leider nicht verstanden." auszuhelfen.

Seitenzahlen
Um Ihnen den Umgang mit den Zahlen zu erleichtern, ist auf jeder Seite die Seitenzahl auch auf Spanisch angegeben!

Die Sprachen Spaniens

Bevor Sie anfangen zu lernen, sollten Sie wissen, was Spanisch eigentlich ist. In Spanien werden folgende Sprachen gesprochen:

Baskisch (Euskara)

Kauderwelsch 140: Baskisch (978-3-89416-509-3)

Diese Sprache ist den anderen drei weder ähnlich noch verwandt. Sie stammt wohl aus der Zeit, bevor die Römer nach Spanien kamen.

Galicisch (Galego)

Kauderwelsch 103: Galicisch (978-3-89416-309-9)

Diese dem Portugiesischen sehr ähnliche Sprache wird in Galicien gesprochen. 1975 wurden ihre Regeln erstmals in einem Schulbuch normiert, aber schon 1980 in einer zweiten Auflage verändert und verbessert.

Katalanisch (Català)

Kauderwelsch 72: Katalanisch (978-3-89416-262-7)

Català *wird in Katalonien, Andorra, Südfrankreich und auf den Balearen gesprochen und hat eine lange literarische Tradition, die bis ins frühe Mittelalter zurückreicht.*

(Mallorquin)

Kauderwelsch 124: Mallorquinisch (978-3-89416-324-2)

Speziell den mallorquinischen Dialekt des Katalanischen stellt dieser Kauderwelsch vor.

Kastilisch (Castellano)

Kauderwelsch 16: Spanisch

Ursprünglich im Hochland von Kastilien gesprochen, ist dies jetzt die offizielle erste Staatssprache Spaniens. In allen Gegenden Spaniens (also auch Galicien, Katalonien, Baskenland und Balearen) kann man sich in **Castellano** *verständigen.* **Castellano** *spricht man auch in etwa 20 Ländern Amerikas von Kalifornien bis Argentinien.*

Aussprache & Betonung

Spanier sprechen normalerweise sehr schnell, aber die Aussprache ist trotzdem recht einfach. Die Vokale **a, e, i, o, u** werden immer deutlich einzeln gesprochen, auch wenn mehrere hintereinander stehen. Beispiele:

In der Liste sind nur diejenigen Laute aufgeführt, die anders als im Deutschen ausgesprochen werden.

ie	*i-e*	**miel**	*mi-el*	Honig
ue	*u-e*	**puente**	*pu-ente*	Brücke
ei	*e-i*	**veinte**	*we-inte*	zwanzig

Bei den restlichen Buchstaben ist zu beachten:

ch	*tsch*	**mucho**	*mutscho*	viel
h	*(stumm)*	**helado**	*elado*	Eis
j	*ch*	**jugo**	*chugo*	Saft
ll	*j*	**pollo**	*pojo*	Hähnchen
ñ	*nj*	**baño**	*banjo*	Badezimmer
qu	*k*	**que**	*ke*	dass
s	*ss*	**museo**	*musse-o*	Museum
v	*w*	**vino**	*wino*	Wein
y	*j*	**yo**	*jo*	ich
z	*ß*	**zapato**	*ßapato*	Schuh

Bei **g, gu** und **c** hängt die Aussprache von dem folgenden Buchstaben ab. Stehen sie vor den hellen Vokalen **e** und **i,** gilt:

ce, ci	*ße, ßi*	**cine**	*ßine*	Kino
ge, gi	*che, chi*	**gente**	*chente*	Leute
gue, gui	*ge, gi*	**guerra**	*gerra*	Krieg

Kauderwelsch AusspracheTrainer

*Falls Sie sich die wichtigsten spanischen Sätze, die in diesem Buch vorkommen, einmal von einem Spanier gesprochen anhören möchten, kann Ihre Buchhandlung Ihnen den **AusspracheTrainer (auf Audio-CD)** zu diesem Buch besorgen. Sie bekommen ihn auch über unseren Internet-shop: **www.reise-know-how.de** Der **AusspracheTrainer** steht auch als **MP3-Download** unter **www.reise-know-how.de** zur Verfügung. Alle Sätze, die Sie auf dem **AusspracheTrainer** hören können, sind mit einem Ohr (👂) gekennzeichnet. Mehr über den **Kauderwelsch-AusspracheTrainer** erfahren Sie* *auf Seite 159.*

Vor den dunklen Vokalen **a, o, u** oder vor einem Konsonanten:

c	*k*	**como**	*komo*	wie
g	*g*	**gato**	*gato*	Katze
u	*gu*	**gusto**	*gusto*	Gefallen

Am **Wortende** ist noch zu beachten:

-d		**verdad**	*werda*	Wahrheit
-e	*ee*	**este**	*estee*	dieser
-y	*i*	**doy**	*doi*	ich gebe

semana santa, Málaga

Dies ist die grundsätzliche Aussprachemöglichkeit. Es gibt jedoch starke regionale Unterschiede, die man zwar kennen, aber nicht unbedingt auch nachmachen muss. Einige Beispiele dafür:

ll kann wie „j" gesprochen werden.
b und **v** klingen oft gleich.
s, z am Wort- und Silbenende können wie ein h" gehaucht, gezischt („sh") oder ganz verschluckt werden.
ce, ci, z werden oft gelispelt wie das „th" im Englischen.

Betonung

Die meisten Wörter enden auf **Vokal, n** oder **s.** Sie werden auf der vorletzten Silbe betont.

camisa	(Hemd)	*ka-mi-sa*
estanco	(Laden)	*es-tan-ko*

Die übrigen Wörter werden auf der letzten Silbe betont.

mujer	(Frau)	*mu-cher*
ciudad	(Stadt)	*ßiu-dad*

Wenn ein Akzent auf einer Silbe steht, wird diese natürlich betont. Akzente stehen auch zur Unterscheidung von gleichlautenden Wörtern und auf Fragewörtern.

cómo	(wie)	*ko-mo*
avión	(Flugzeug)	*a-wi-on*

Rechtschreibung

Das erste Wort im Satz und Eigennamen werden groß geschrieben, sonst alles klein. Frage- und Ausrufezeichen stehen zusätzlich am Satzanfang und zwar auf dem Kopf. Jedem Schriftzeichen entspricht genau ein Laut. Wenn man sich erst einmal an deren Aussprache gewöhnt hat, kann man alle Wörter korrekt wiedergeben.

Vier Wörter, die weiterhelfen

Mit den folgenden Ausdrücken kann man schon das Wichtigste auf Spanisch sagen:

¿Tiene ...? — Haben Sie ...?

¿Tiene sellos?	Haben Sie Briefmarken?
¿Tiene postales?	Haben Sie Postkarten?
¿Tiene patatas fritas?	Haben Sie Pommes?

Als Antwort bekommt man:
sí (ja) oder **no** (nein).

Quiero ... — Ich möchte ...

Wichtig: **Te quiero** *heißt „ich liebe dich!“*

Quiero un café.	Ich möchte einen Kaffee.
Quiero una Coca.	Ich möchte eine Cola.
Quiero jugo.	Ich möchte Saft.

Zur Verneinung setzt man einfach **no** davor:

No quiero jugo.
Ich möchte keinen Saft.

¿Dónde está ...? Wo ist ...?

¿Dónde está el lavabo?
Wo ist die Toilette?

¿Dónde está la estación?
Wo ist der Bahnhof?

¿Dónde está el ascensor?
Wo ist der Aufzug?

Die häufigsten Richtungsangaben sind:

todo recto	geradeaus
a la izquierda	links
a la derecha	rechts

Man achte aber auch genau auf die Handbewegungen und Gesten.

¿Cuánto cuesta ...? — Wieviel kostet ...?

Die Zahlen finden Sie im Kapitel „Zahlen & Zählen“.

¿Cuánto cuesta un billete?
Was kostet eine Eintrittskarte/Fahrkarte?

¿Cuánto cuesta el libro?
Was kostet das Buch?

¿Cuánto cuesta esto?
Was kostet das?

pan y jamón, Cataluña

Grammatik

Nach diesen ersten Seiten kann man schon einfache Fragen stellen. Um aber richtige Sätze bilden zu können, sind drei Dinge wichtig:

Die Wortwahl

Dazu habe ich am Buchende einen Grundwortschatz von etwa **1.000 Wörtern** zusammengestellt. Diese sollten für die normale alltägliche Unterhaltung ausreichen. (Zusätzlich können Sie natürlich noch ein Wörterbuch mitnehmen.)

Die Form

Die meisten Wörter haben je nach Bedeutung verschiedene Endungen, z. B. für Einzahl und Mehrzahl. Ich habe jedoch nicht alle diese Formen aufgeführt, da das für Anfänger zu verwirrend wäre. So habe ich z. B. bei den Verben nur eine von den sieben Zeiten (Präsens, Imperfekt, Indefinido, Futur, Konditional, Perfekt und Plusquamperfekt) ausführlich erklärt. Unterwegs kommt es schließlich nicht auf hochliterarisch richtige Ausdrucksweise an, sondern lediglich darauf, sich mit möglichst wenig Mühe verständlich zu machen. Dieses Prinzip liegt allen Kauderwelsch-Bänden zugrunde.

Die Hauptwörter

Es gibt nur „männliche" und „weibliche" Hauptwörter (Substantive):

Geschlecht

Bei Personen gilt das natürliche Geschlecht, sonst kann man es meist an der Wortendung erkennen. Ich verwende folgende Abkürzungen:

m	=	maskulin (männlich)
f	=	feminin (weiblich)
Ez	=	Einzahl
Mz	=	Mehrzahl

Artikel

Wie bei uns gibt es Artikel, bestimmte und unbestimmte, natürlich nur für männlich und weiblich. Allerdings unterscheiden die Spanier die Geschlechter auch in der Mehrzahl. Die Artikel stehen vor den Hauptwörtern.

bestimmte Artikel				
	männlich		weiblich	
Einzahl	**el**	der	**la**	die
Mehrzahl	**los**	die	**las**	die
unbestimmte Artikel				
	männlich		weiblich	
Einzahl	**un**	ein	**una**	eine
Mehrzahl	**unos**	einige	**unas**	einige

Die Hauptwörter

männliche Hauptwörter

Sie enden meist auf **-o, -r, -l, -n.**

el libro	das Buch
un libro	ein Buch
los libros	die Bücher
unos libros	einige Bücher

weibliche Hauptwörter

Sie enden auf **-a, -d, -z** *oder* **-ión.**

la chica	das Mädchen
una chica	ein Mädchen
las chicas	die Mädchen
unas chicas	einige Mädchen

Hauptwörter auf -e

Sie können männlich oder weiblich sein.

la leche, *w*	die Milch
el cine, *m*	das Kino

wichtige Ausnahmen

la mano, *w*	die Hand
el avión, *m*	das Flugzeug
el día, *m*	der Tag
el camión, *m*	der Lastwagen
la flor, *w*	die Blume

Mehrzahl

Endet das Wort auf einen Vokal **(a, e, i, o, u),** *dann wird* **-s** *angehängt, sonst* **-es.**

libro	Buch
libros	Bücher
ciudad	Stadt
ciudades	Städte

Die Eigenschaftswörter

Eigenschaftswörter (Adjektive) richten sich in Geschlecht und Zahl nach dem Hauptwort, auf das sie sich beziehen. Es gibt zwei Gruppen:

Adjektive auf -o

bilden eine weibliche Form auf **-a** und die Mehrzahlendungen lauten entsprechend **-os/-as.**

el libro pequeño	**los libros pequeños**
der Buch klein	*die Bücher kleine*
das kleine Buch	die kleinen Bücher
la camisa pequeña	**las camisas pequeñas**
die Hemd klein	*die Hemden kleine*
das kleine Hemd	die kleinen Hemden

Die übrigen Adjektive

haben nur eine Form für männlich und weiblich und bilden die Mehrzahlform auf **-es.**

el libro azul	**los libros azules**
der Buch blau	*die Bücher blaue*
das blaue Buch	die blauen Bücher
la camisa azul	**las camisas azules**
die Hemd blau	*die Hemden blaue*
das blaue Hemd	die blauen Hemden

Wie man oben gesehen hat, stehen Adjektive **nach** dem Hauptwort, also genau andersherum als im Deutschen. Manche können aber auch davor stehen und haben dann eine etwas verkürzte Form:

grande	groß	**un gran cantante**	ein großer Sänger
primero	erste	**el primer piso**	die erste Etage
ninguno	kein	**ningún chico**	kein Junge
alguno	irgendein	**algún coche**	irgendein Wagen
bueno	gut	**hace buen tiempo**	das Wetter ist gut
malo	schlecht	**hace mal tiempo**	das Wetter ist schlecht

Steigern & Vergleichen

Dazu braucht man nur das Wort **más** (mehr) und, um zu übertreiben, die Endung **-ísimo.** In der Mehrzahl immer ein **-s** anhängen!

männlich	
caro	teuer
más caro	teurer
el más caro	der teuerste
carísimo	extrem teuer

weiblich	
cara	teuer
más cara	teurer
la más cara	die teuerste
carísima	extrem teuer

más — mehr

Man kann damit Eigenschaftswörter steigern und Vergleichssätze bilden:

Manolo es más timido que Rolando.
Manolo ist mehr schüchtern als Rolando
Manolo ist schüchterner als Rolando.

(= Vergleich)

Cecilia es la más hermosa de todos.
Cecilia ist die mehr schön von alle
Cecilia ist die schönste von allen.

(= Steigerung)

muy — sehr

Eine ähnliche Funktion hat auch die Endung **-ísimo/-a.**

... zur Verstärkung bei Eigenschaftswörtern:

Carmen es muy bella. **Josefa es bellísima.**
Carmen ist sehr schön. Josefa ist wunderschön.

mucho — viel

Hiermit kann man Verben, die Gefühle ausdrücken, betonen und bei Hauptwörtern eine Menge angeben.

La ensalada me gusta mucho.
die Salat mir (sie-)gefällt sehr
Der Salat schmeckt mir gut.

(= Verb)

Tengo muchos amigos.
(ich-)habe viele Freunde
Ich habe viele Freunde.

mucha gente
viel Volk
viele Leute

(= Mengenangabe)

Die Verben in der Gegenwart

Die Grundformen der spanischen Verben enden auf:

Diese Grundform wird vor allem nach Hilfsverben gebraucht. Manchmal wird noch das Wörtchen **se** *(sich) angehängt.*

-ar	**hablar**	sprechen
-er	**comer**	essen
-ir	**vivir**	leben

Personalendungen

Die Gegenwartsformen aller regelmäßigen Verben werden durch Anhängen einer bestimmten Endung an den Stamm gebildet. Dabei gibt es kleine Unterschiede je nach Endung der Grundform. Persönliche Fürwörter sind nicht notwendig.

hablar (-ar) — sprechen			
habl-o	ich spreche	**habl-amos**	wir sprechen
habl-as	du sprichst	**habl-áis**	ihr sprecht
habl-a	er, sie spricht	**habl-an**	sie sprechen

comer (-er) — essen			
com-o	ich esse	**com-emos**	wir essen
com-es	du isst	**com-éis**	ihr esst
com-e	er, sie isst	**com-en**	sie essen

vivir (-ir) — leben			
viv-o	ich lebe	**viv-imos**	wir leben
viv-es	du lebst	**viv-ís**	ihr lebt
viv-e	er, sie lebt	**viv-en**	sie leben

Klassenverben

Bei einigen Verben mit regelmäßigen Endungen verändert sich der Stamm. Davon betroffen sind nur die „stammbetonten" Formen der Gegenwart, d. h. die erste bis dritte Person Einzahl und die dritte Person Mehrzahl, weil dort nur eine Silbe angehängt wird und die Betonung daher auf dem Wortstamm liegt.

e wird zu ie: empezar — anfangen	
empiezo	**empezamos**
empiezas	**empezáis**
empieza	**empiezan**

o wird zu ue: dormir — schlafen	
duermo	**dormimos**
duerme	**dormís**
duermes	**duermen**

Weitere Verben dieser beiden Gruppen:

e → ie		**o → ue**	
pensar	denken	**encontrar**	finden, treffen
entender	verstehen	**volver**	zurückkommen
perder	verlieren	**almorzar**	zu Mittag essen
sentir	fühlen, bedauern	**probar**	versuchen
cerrar	schließen	**poder**	können, dürfen
preferir	vorziehen	**contar**	zählen, erzählen
querer	wollen, lieben	**morir**	sterben
sentarse	sich setzen	**soñar**	träumen
despertarse	aufwachen	**costar**	kosten

Unregelmäßige Verben

Besonders häufig gebrauchte Verben schleifen sich mit der Zeit ab und machen Veränderungen durch, die nicht den üblichen Regeln entsprechen. Sie sollten sich die Gegenwartsformen der folgenden Wörter gut einprägen:

	ir (gehen)	tener (haben)	venir (kommen)	decir (sagen)	dar (geben)
ich	voy	tengo	vengo	digo	doy
du	vas	tienes	vienes	dices	das
er/sie	va	tiene	viene	dice	da
wir	vamos	tenemos	venimos	decimos	damos
ihr	vais	tenéis	venís	decís	dais
sie	van	tienen	vienen	dicen	dan

Nebenstehende Verben sind nur in der „Ich-“ Form unregelmäßig, alle anderen Personen sind regelmäßig.

caer	caigo	ich falle
conocer	conozco	ich kenne
hacer	hago	ich mache
oir	oigo	ich höre
poner	pongo	ich stelle/lege
saber	sé	ich weiß
salir	salgo	ich gehe weg/aus
traer	traigo	ich bringe
ver	veo	ich sehe

conducir ist Beispiel für alle Verben auf **-cer/-cir.**

conducir	conduzco	ich führe/leite

Aufforderungen

Die häufigsten Aufforderungen werden leider von den unregelmäßigen Verben abgeleitet. Daher gebe ich nur die einfachste (die höflichste) Form, nämlich in der Sie-Anrede, an. Spricht man mehrere Leute an, wird ein **-n** angehängt.

Es gibt im Spanischen zum Glück nur insgesamt 20 unregelmäßige Verben, von denen einige aber so selten gebraucht werden, dass ich sie hier nicht extra aufgeführt habe. Eine komplette Liste findet man in jedem guten Wörterbuch.

venga	Kommen Sie!
tenga	Hier haben Sie!
diga(-me)	Sagen Sie (mir)!
haga(-me)	Machen Sie (mir)!
oiga	Hören Sie!
ponga	Stellen/Legen/Setzen Sie!
traiga(-me)	Bringen Sie (mir)!
sea	Seien Sie!
tome	Nehmen Sie!
disculpe	Entschuldigen Sie!
perdone(-me)	Vergeben Sie (mir)!

Zur Verneinung setzt man **no** *davor. An einige dieser Wörter kann man* **-me** *anfügen, was mir oder mich bedeutet.*

Die letzten drei Formen sind regelmäßig von **tomar, disculpar** und **perdonar** gebildet. Die Regel lautet:

Grundform	Aufforderung
-ar	**-e**
-er	**-a**
-ir	**-a**
¡Venga!	Kommen Sie! *(Ez)*
¡Vengan!	Kommen Sie! *(Mz)*
¡No venga!	Kommen Sie nicht! *(Ez)*
¡No vengan!	Kommen Sie nicht! *(Mz)*

Die Anwendung der Formen

Wie wendet man diese vielen Verbformen nun an?

Einzahl - Mehrzahl

Genau wie bei den Hauptwörtern gibt es einen Unterschied für **eine** Person oder Sache im Gegensatz zu **mehreren.** Die Bildung der Form ist sehr einfach.

eine Person:	Verbstamm	**llega**	er/sie kommt
mehrere Personen:	Stamm + **n**	**llegan**	sie kommen

Anrede

Für die höfliche Anrede können Sie glücklicherweise die gerade gelernten Formen verwenden, aber für die Duzform braucht man eine neue Regel.

Man unterscheidet eine familiäre und eine höfliche Anredeform. Junge Leute duzen sich eigentlich fast immer. In Geschäften und Ämtern, aber auch älteren Personen gegenüber verwendet man besser das „höfliche Sie".

Verbstamm	**viene**	Sie kommen (höfliches Sie; Ez.)
Stamm + **n**	**vienen**	ihr kommt; Sie kommen (höfliches Sie; Mz.)
Stamm + **s**	**vienes**	du kommst

Mit dieser Regel kann man die Anredeformen aller Sätze in diesem Buch selbst verändern.

über sich selbst

Reden Sie über sich selber, oder über eine Gruppe, die zu Ihnen gehört, dann können Sie bei allen regelmäßigen Verben so vorgehen (dabei ist zu beachten, dass das **o** der ich-Form den letzten Vokal des Verbs unterdrückt, also **vivo** und nicht **vivio!**):

Verbstamm + **o**	**vivo**	ich lebe
Stamm + **mos**	**vivimos**	wir leben

Das Hilfsverb „sein“

Es gibt zwei Verben für das deutsche „sein“.

estar

estoy	ich bin	**estamos**	wir sind
estás	du bist	**estáis**	ihr seid
está	er/sie ist	**están**	sie sind

Das Verb **estar** wird gebraucht für:

1.)	**bestimmte Ortsangaben**
2.)	**körperliches Befinden, Krankheit, Stimmung**
3.)	**vorübergehende Zustände**

Einige Beispiele:

El cine Asturias está en la calle de Alfonso.
der Kino Asturias ist in die Straße von Alfonso
Das Asturias-Kino ist in der Alfonsostraße.

Maria está bien, pero Jorge tiene la tos.
Maria ist gut aber Jorge hat die Husten
Maria geht es gut, aber Jorge hat Husten.

Estamos muy cansados.
(wir-)sind sehr müde
Wir sind sehr müde.

© Archiv Turespaña

Altea Casco viejo, Alicante

ser

Man verwendet **ser** für:

1.)	**Beruf, Religion, Nationalität**
2.)	**Identifikation und Herkunft**
3.)	**Charaktereigenschaften (auch Farben etc.)**

Einige Beispiele:

Soy estudiante, Carlos es empleado.
(ich-)bin Student Carlos ist Angestellter
Ich bin Student, Carlos ist Angestellter.

Yo soy Vera Velázquez.
ich bin Vera Velázquez
Ich bin Vera Velázquez.

Soy de Murcia.
(ich-)bin von Murcia
Ich bin aus Murcia.

Éste es mi perro/coche/amigo.
dieser (er-)ist mein Hund/Wagen/Freund
Das ist mein Hund/Wagen/Freund.

Isabel es muy simpática.
Isabel ist sehr sympathisch.

Pepe es divertido.
Pepe ist lustig.

La casa es blanca y pequeña.
die Haus ist weiß und klein
Das Haus ist weiß und klein.

Weitere Hilfsverben

Einige weitere Hilfsverben sind z. B.

hay (es gibt)

hay wird für Ortsangaben und zählbare Dinge verwendet.

Ort + hay + Zahlwort + Ding

En la calle hay una farmacia.
in die Straße (man-)hat eine Apotheke
In der Straße gibt es eine Apotheke.

oder: **Hay una farmacia en la calle.**
(man-)hat eine Apotheke in die Straße
Es gibt eine Apotheke in der Straße.

Vergleiche die Anwendung von **está** mit bestimmtem Artikel:

Ort + está + Artikel + Ding

En la calle está la parada.
in die Straße (sie-)ist die Haltestelle
In der Straße ist die Haltestelle.

oder: **La parada está en la calle.**
die Haltestelle (sie-)ist in die Straße
Die Haltestelle ist in der Straße.

Beides ist richtig.

hay que (man muss)

Hiermit bildet man unpersönliche Ausdrücke.

Hay que tomar la primera a la izquierda.
(man-)hat dass nehmen die erste zu die linke
Man muss die erste Straße links nehmen.

tener que (müssen)

Dieses „müssen" ist persönlich. Wörtlich bedeutet **tener que** „haben dass".

tengo que bajar	ich muss aussteigen
tienes que bajar	du musst aussteigen
tiene que bajar	er/sie muss aussteigen
tenemos que bajar	wir müssen aussteigen
tenéis que bajar	ihr müsst aussteigen
tienen que bajar	sie müssen aussteigen

poder (dürfen, können)

Bezeichnet eine Erlaubnis (dürfen) oder ein Können im Sinne von: „Ich kann ..., weil ich nicht daran gehindert werde."

puedo fumar aquí	ich darf hier rauchen
puedes	du darfst
puede	er/sie darf
podemos	wir dürfen
podéis	ihr dürft
pueden	sie dürfen

Hinter den folgenden Hilfsverben wird die Grundform des Verbs gebraucht. Das ist recht praktisch, wenn man nämlich die genaue Verbform vergessen hat, kann man einfach die Umschreibung mit einem passenden Hilfsverb wählen.

Weitere Hilfsverben

saber (wissen, können)

Die Grundbedeutung ist „wissen“. Es bezeichnet aber auch eine Fähigkeit: „Ich kann ..., weil ich es gelernt habe.“

sé tocar el piano	ich kann Klavier spielen
sabes	du kannst
sabe	er/sie kann
sabemos	wir können
sabéis	ihr könnt
saben	sie können

querer (wollen)

Ist wie im Deutschen zu verwenden. Eine höflichere Form ist **quería** *oder* **quisiera** *(ich möchte).*

quiero ver la película	ich will den Film sehen
quieres	du willst
quiere	er/sie will
queremos	wir wollen
queréis	ihr wollt
quieren	sie wollen

ir a (werden)

Hiermit drückt man etwas aus, was gleich geschehen wird (nahe Zukunft).

voy a escribir la carta	ich werde den Brief schreiben
vas	du wirst ...
va	er/sie wird ...
vamos	wir werden ...
vais	ihr werdet ...
van	sie werden ...

Wörtlich bedeutet **ir a** „gehen zu“ und ist leider völlig unregelmäßig.

acabar de (gerade etwas getan haben)

Hiermit drückt man eine gerade stattgefundene Handlung aus. Wörtlich „aufhören von“.

acabo de llegar	ich bin gerade angekommen
acabas	du bist ...
acaba	er/sie ist ...
acabamos	wir sind ...
acabáis	ihr seid ...
acaban	sie sind ...

In Kürze: die anderen Zeiten

Hier zuerst ein paar allgemeine Zeitangaben.

ayer	gestern
anteayer	vorgestern
antes	damals
la última vez	letztes Mal
anoche	gestern Abend
todavía	noch
aún no	noch nicht
ya	schon
siempre	immer (noch
la semana pasada *die Woche vergangen*	letzte Woche
el mes pasado *der Monat vergangen*	letzten Monat
el año pasado *das Jahr vergangen*	letztes Jahr

In Kürze: die anderen Zeiten

Es gibt viele Zeiten in der Vergangenheit, von denen ich nur eine erklären möchte, nämlich das **indefinido**. Man braucht es für Handlungen in der Vergangenheit. Leider kann man es nicht verwenden, um Zustände zu beschreiben, aber fürs Erste wird es reichen, wenn man erzählen kann, was man gemacht hat oder was passiert ist.

Die Endungen der Verben auf **-ar** *unterscheiden sich von denen auf* **-er/-ir.** *Die unregelmäßigen Verbformen und die anderen Zeiten stehen in ausführlichen Grammatiken.*

Ayer me compré un traje de baño.
gestern mir (ich-)kaufte ein Anzug von Bad
Gestern kaufte ich mir einen Badeanzug.

Recibí una carta de Andrés el miércoles.
(ich-)bekam eine Brief von Andrés der Mittwoch
Am Mittwoch bekam ich einen Brief von Andrés.

comprar (-ar)	kaufen
compr-é	ich kaufte
compr-aste	du kauftest
compr-ó	er/sie kaufte
compr-amos	wir kauften
compr-asteis	ihr kauftet
compr-aron	sie kauften

comer (-er)	essen
com-í	ich aß
com-iste	du aßt
com-ió	er/sie aß
com-imos	wir aßen
com-isteis	ihr aßt
com-ieron	sie aßen

Zukunft

mañana	morgen
pasado mañana	übermorgen
pronto	bald
más tarde	später
después	nachher
luego, entonces	dann
al final	schließlich
hoy	heute

la semana que viene
die Woche die kommt
nächste Woche

esta mañana/tarde/noche
diese Morgen/Abend/Nacht
heute Morgen/Abend/Nacht

Um die Zukunftsform so einfach wie möglich zu bilden, nimmt man das Verb in der Gegenwart und ein passendes Zeitwort aus der Liste.

Mañana voy a la discoteca.
morgen (ich-)gehe zu die Disko
Morgen gehe ich in die Disko.

El lunes que viene vamos a la capital.
der Montag der kommt (wir-)fahren zu die Hauptstadt
Nächsten Montag fahren wir in die Hauptstadt.

Die Fürwörter

In den bisherigen Kapiteln sind wir ohne sie ausgekommen, da sie nicht notwendiger Bestandteil eines Satzes sind. Viel wichtiger ist es, dass die Endung des Verbs stimmt. Zur Verstärkung und nach Präpositionen braucht man sie aber doch.

Die persönlichen Fürwörter

Nach Verhältniswörtern wird **yo** *und* **tú** *nicht gebraucht, stattdessen* **mí** *und* **ti.**

Einzahl		Mehrzahl	
yo	ich	**nosotros**	wir
tú	du	**vosotros**	ihr
él	er	**ellos**	sie *(m)*
ella	sie	**ellas**	sie *(f)*
usted	Sie *(höfl.)*	**ustedes**	Sie *(höfl.)*

Conmigo (mit mir) und **contigo** (mit dir) sind Sonderformen des Verhältniswortes **con** (mit). Weitere Beispiele:

para mí	für mich
para ti	für dich
para él	für ihn
para nosotros	für uns
para ustedes	für Sie

wen? oder wem?

So genau wird da im Spanischen zum Glück nicht unterschieden. Es gibt nur eine Form.

Sie steht grundsätzlich vor dem Verb. Ausnahmen gibt es bei Verwendung der Grundform eines Verbs und bei Aufforderungen. Dort werden diese Fürwörter angehängt und als ein Wort geschrieben. In der wörtlichen Übersetzung habe ich das durch Bindestriche markiert.

lo, los, la, las *stehen meist für Sachen,* **le, les** *für Personen.* **lo** *bedeutet auch „es".*

Einzahl		**Mehrzahl**	
me	mich, mir	**nos**	uns
te	dich, dir	**os**	euch
lo	ihn	**los**	sie *(m)*
la	sie	**las**	sie *(f)*
le	ihm, ihr, Ihnen	**les**	ihnen, Ihnen

Veo un árbol.
(ich-)sehe ein Baum
Ich sehe einen Baum.

Lo veo.
ihn (ich-)sehe
Ich sehe ihn.

Puedo verlo.
(ich-)kann sehen-ihn
Ich kann ihn sehen.

El camarero trae una sopa.
der Kellner bringt eine Suppe
Der Kellner bringt eine Suppe.

Me la trae.
mir sie (er-)bringt
Er bringt sie mir.

Tráigalo.
bringen(-Sie)-ihn
Bringen Sie es.

Tráigamelo.
bringen(-Sie)-mir-ihn
Bringen Sie es mir.

Démelo.
geben(-Sie)-mir-ihn
Geben Sie es mir.

La busco.
sie (ich-)suche
Ich suche sie.

Voy a buscarla.
(ich-)gehe zu suchen-sie
Ich werde sie suchen.

Me ves.
mich (du-)siehst
Du siehst mich.

¿No me das un beso?
nicht mir (du-)gibst ein Kuss
Gibst du mir keinen Kuss?

No lo/la entiendo.
nicht ihn/sie (ich-)verstehe
Ich verstehe ihn/sie nicht.

Rückbezügliche Fürwörter

Nicht alle Verben, die im Spanischen rückbezüglich sind, sind es auch im Deutschen und umgekehrt. Beispiele: **llamarse** *(heißen),* **quedarse** *(bleiben),* **levantarse** *(aufstehen),* **irse** *(weggehen).*

Es gibt viele rückbezügliche Verben, die immer mit einem Fürwort gebraucht werden. Man erkennt sie an dem angehängten **-se** (sich) in der Grundform. **se** bedeutet „sich" oder „man". Oft wird es auch zur Umschreibung einer Passiv-Form benutzt.

sentarse (sich setzen)

me siento	ich setze mich
te sientas	du setzt dich
se sienta	er/sie setzt sich
nos sentamos	wir setzen uns
os sentáis	ihr setzt euch
se sientan	sie setzen sich

Beatriz se lava las manos.
Beatriz sich wäscht die Hände
Beatriz wäscht sich die Hände.

Se habla alemán.
man spricht Deutsch
Man spricht Deutsch.

Se venden pisos aquí.
man (sie-)verkaufen Wohnungen hier
Hier werden Wohnungen verkauft.

¿Se puede fumar?
man darf rauchen?
Darf man rauchen?

Besitzanzeigende Fürwörter

Die besitzanzeigenden Fürwörter werden in Verbindung mit Hauptwörtern gebraucht. Immer wenn es um mehrere Gegenstände geht, wird ein **-s** angehängt. Zusätzlich passen sich **nuestro** und **vuestro** auch im Geschlecht dem Hauptwort an.

mi	mein	**nuestro/-a**	unser *(m/f)*
tu	dein	**vuestro/-a**	euer *(m/f)*
su	sein/ihr/Ihr	**su**	ihr/Ihr

Hier nun einige Beispiele der einfachen Anwendung.

mi coche	mein Auto
mis coches	meine Autos
tu amigo	dein Freund
tus amigos	deine Freunde
nuestro piso	unsere Wohnung
nuestros pisos	unsere Wohnungen
nuestra relación	unsere Beziehung
nuestras relaciones	unsere Beziehungen
vuestro perro	euer Hund
vuestros perros	eure Hunde
su casa	sein/ihr/Ihr Haus
sus casas	seine/ihre/Ihre Häuser

„dies“ und „das“

Man unterscheidet drei Entfernungsgrade.

esto — dies (beim Sprechenden)

este coche	dieser Wagen
esta chica	dieses Mädchen
estos señores	diese Herren
estas flores	diese Blumen

eso — das da (beim Angeredeten)

ese árbol	der Baum da
esa casa	das Haus da
esos hombres	die Männer da
esas rosas	die Rosen da

aquello — jenes (entfernt vom Sprecher)

aquel pueblo	jenes Dorf
aquella noche	jene Nacht
aquellos trenes	jene Züge
aquellas maletas	jene Koffer

Zu beachten ist, dass die Grundformen **esto, eso, aquello** *neutral sind und nicht direkt vor Hauptwörtern stehen dürfen.*

¿Qué es esto/eso/aquello?
Was ist dies/das/jenes?

Esto es un disco.
Dies ist eine Schallplatte.

aquí	hier
ahí	da
allí	dort

Der Satzbau

Die normale Wortstellung im Spanischen ist: **Subjekt - Prädikat - Objekt.** Persönliche Fürwörter werden oft weggelassen.

(Yo) veo a Sabine.
(ich) sehe Sabine.

Felisa vino ayer.
Felisa kam gestern.

Verneinung und Pronomen stehen vor dem Verb:

No estoy contento.
nicht (ich-)bin zufrieden
Ich bin nicht zufrieden.

(Yo) te quiero.
ich dich liebe
Ich liebe dich.

No lo encuentro.
nicht es (ich-)finde
Ich finde es nicht.

Zwei Verbformen stehen direkt zusammen.

Antonio quiere comprar un periódico.
Antonio will kaufen ein Zeitung
Antonio will eine Zeitung kaufen.

El médico sabe hablar alemán.
der Arzt weiß sprechen deutsch
Der Arzt kann Deutsch sprechen.

Adjektive stehen nach dem Hauptwort:

La chica rubia toma café.
die Mädchen blond nimmt Kaffee
Das blonde Mädchen trinkt Kaffee.

La chica morena toma leche.
die Mädchen dunkel nimmt Milch
Das dunkelhaarige Mädchen trinkt Milch.

Die wörtliche Bedeutung von **tomar** *ist „nehmen", bei Lebensmitteln heißt es aber auch „essen" bzw. „trinken".*

Fragen

Jeder Fragesatz beginnt mit einem Fragezeichen, das auf dem Kopf steht. Man unterscheidet zwei Fragearten, nämlich die Entscheidungs- und die Ergänzungsfrage.

Im Unterschied zum Deutschen ändert sich die Wortstellung nicht. Von einer Aussage unterscheidet sich die Entscheidungsfrage nur durch die Tonlage, d. h. die Stimme steigt zum Satzende an.

Entscheidungsfrage

Sie enthält kein spezielles Fragewort und wird im Allgemeinen nur mit „ja" oder „nein" beantwortet.

El tren llega a la una y veinte.
der Zug kommt um die eins und zwanzig
Der Zug kommt um 13.20 Uhr.

¿El tren llega a la una y veinte?
der Zug kommt um die eins und zwanzig
Kommt der Zug um 13.20 Uhr?

Ergänzungsfrage

Das sind Fragen mit Fragewörtern. Als Antwort reicht „ja" oder „nein" nicht aus, es wird eine genaue Angabe (Ergänzung) erwartet.

qué	was	**cuándo**	wann
quién	wer	**dónde**	wo
cuál	welcher	**de dónde**	woher
cómo	wie	**adónde**	wohin
por qué	warum	**cuántos/-as**	wieviele

Hier einige Beispiele mit möglichen Antworten:

¿Qué es esto?	**¿Qué es eso?**	**¿Qué es aquello?**
was ist dies	*was ist das*	*was ist jenes*
Was ist das hier?	Was ist das da?	Was ist das dort?

¿Cómo te llamas?
wie dich (du-)rufst
Wie heißt du?

Me llamo O'Niel.
mich (ich-)rufe O'Niel
Ich heiße O'Niel.

typische Fragen

¿Dónde vives?
wo (du-)lebst
Wo lebst du?

Vivo en Alemania.
(ich-)lebe in Deutschland
Ich lebe in Deutschland.

¿Cuándo llega el autobús para Madrid?
wann (er-)kommt der Bus für Madrid
Wann kommt der Bus nach Madrid?

En diez minutos.
in zehn Minuten
In zehn Minuten.

¿Adónde vas mañana?
wohin (du-)gehst morgen
Wohin fährst du morgen?

Al puerto de Cádiz.
zum Hafen von Cadiz
Zum Hafen von Cadiz.

¿Por qué estás aquí?
für was (du-)bist hier
Warum bist du hier?

Estoy de vacaciones.
(ich-)bin von Ferien
Ich mache hier Ferien.

¿Qué reloj te gusta más?
was Uhr dir (er-)gefällt mehr
Welche Uhr gefällt dir besser?

Él de la izquierda.
der von die links
Die links.

Die Verneinung

Das Verneinungswort **no** bedeutet sowohl „nein“ als auch „nicht“ / „kein“. Als Verneinung steht es immer vor einem Verb.

no — nein/nicht

¿Me acompañas?
mich (du-)begleitest
Begleitest du mich?

No.
nein
Nein.

No tengo tiempo.
nicht (ich-)habe Zeit
Ich habe keine Zeit.

¿No tienes ganas?
nicht (du-)hast Lust
Hast du keine Lust?

nada/nadie — nichts/niemand

Vor dem Verb steht **no,** dahinter folgt **nada** und **nadie.** Die doppelte Verneinung hebt sich nicht gegenseitig auf!

No veo nada.
nicht (ich-)sehe nichts
Ich sehe nichts.

No viene nadie.
nicht kommt niemand
Es kommt niemand.

Die Verhältniswörter

Die drei wichtigsten und häufigsten Verhältniswörter (Präpositionen) sind **a, en** und **de.**

a	zu, nach	**entre**	zwischen
ante	vor	**hacia**	bis *(örtlich)*
con	mit	**hasta**	bis *(zeitlich)*
contra	gegen	**para**	für
de	von	**por**	durch
desde	seit	**según**	gemäß
durante	während	**sin**	ohne
en	in, an, auf	**sobre**	auf, über

a — zu

Wird meistens als Angabe des Ziels verwendet. Zu beachten ist: **a + el** wird **al,** genau wie im Deutschen: zu + dem wird zum. Bei anderen Artikeln tritt diese Verschmelzung nicht auf: **a la, a los, a las** sind immer zwei Wörter.

Vamos a España.
(wir-)gehen zu Spanien
Wir fahren nach Spanien.

Viajo a Madrid.
(ich-)reise zu Madrid
Ich reise nach Madrid.

Richtung

Busco a Diego.
(ich-)suche zu Diego
Ich suche Diego.

Busco mi camisa.
(ich-)suche mein Hemd
Ich suche mein Hemd.

Person als Objekt (wen?), entfällt bei Dingen

La película empieza a las diez.
die Film beginnt zu die zehn
Der Film fängt um 10.00 Uhr an.

Zeitpunkt

Die Verhältniswörter

Der Unterschied zwischen **en** *(Ort) und* **a** *(Richtung) ist sehr wichtig. Man darf diese beiden Wörter nicht verwechseln!*

El bar *ist eine „Kneipe“, in der es oft auch etwas zu essen gibt.*

en – in

Die meisten Ortsangaben werden mit **en** gebildet.

Estoy en casa.
(ich-)bin in Haus
Ich bin zu Hause.

Almuerzo en el bar.
(ich-)mittagesse in der Bar
Ich esse in der Bar zu Mittag.

Viajo en tren.
(ich-)reise in Zug
Ich fahre mit dem Zug.

Voy en avión.
(ich-)gehe in Flugzeug
Ich fliege.

Venimos en tres días/en dos horas.
(wir-)kommen in drei Tage/in zwei Stunden
Wir kommen in drei Tagen/in zwei Stunden.

Auch hier verschmilzt **de** *mit* **el** *zu* **del,** *während* **de la, de los, de las** *getrennt bleiben.*

de – von

Mit Hilfe von **de** kann man zusammengesetzte Hauptwörter bilden. Außerdem bezeichnet es Besitz und Zugehörigkeit.

(Zusammensetzung)

una tienda de bolsos
eine Laden von Taschen
ein Taschengeschäft

una chaqueta de piel
eine Jacke von Leder
eine Lederjacke

(Zugehörigkeit)

el coche de Paco
der Wagen von Paco
Pacos Wagen

la madre de Antonio
die Mutter von Antonio
Antonios Mutter

Soy de Burgos. *(Herkunft)*
(ich-)bin von Burgos
Ich komme aus Burgos.

Soy de Alemania.
(ich-)bin von Deutschland
Ich komme aus Deutschland.

el balcón de las flores *(typisches Merkmal)*
der Balkon von die Blumen
der Balkon mit den Blumen

éste del bigote
dieser vom Bart
der mit dem Bart

Einige Präpositionen bestehen aus mehreren Wörtern:

a la derecha de	rechts
a la izquierda de	links
al lado de	neben
antes de	vor
fuera de	außerhalb
debajo de	unter
delante de	vor *(örtl.)*
después de	nach *(zeitl.)*
encima de	über
enfrente de	gegenüber
cerca de	nahe
lejos de	weit weg

Die Bindewörter

Es gibt keinen Unterschied zwischen „das" und „dass"! **que** wird für Erläuterungen, die sich auf nur ein Wort beziehen, in der indirekten Rede und bei Vergleichen verwendet.

y	und	**aunque**	obwohl
o	oder	**porque**	weil
pero	aber	**que**	dass, als, das
sino	wenn nicht	**si**	ob, wenn
cuando	als *(zeitl.)*	**es decir**	das heißt

Beispiele:

Erläuterung **la camisa que quiero comprar**
die Hemd die (ich-)will kaufen
das Hemd, das ich kaufen will

indirekte Rede **Pienso que Miguel es muy amable.**
(ich-)denke dass Miguel ist sehr freundlich
Ich denke, dass Miguel sehr freundlich ist.

Vergleich **Tú eres más guapa que mi hermana.**
du bist mehr schön als meine Schwester
Du bist schöner als meine Schwester.

Alle anderen Bindewörter (Konjunktionen) benutzt man wie im Deutschen.

Zahlen und Zählen

Die Zahlen zwischen 30 und 100 bildet man so: zuerst die Zehnerzahl, dann **y** und schließlich die Einerzahl. Beispiel: 36 = **treinta y seis.**

0	**cero**	21	**veintiuno**
1	**uno**	22	**veintidós**
2	**dos**	23	**veintitrés**
3	**tres**	24	**veinticuatro**
4	**cuatro**	25	**veinticinco**
5	**cinco**	26	**veintiséis**
6	**seis**	27	**veintisiete**
7	**siete**	28	**veintiocho**
8	**ocho**	29	**veintinueve**
9	**nueve**	30	**treinta**
10	**diez**	31	**treinta y uno**
11	**once**	32	**treinta y dos**
12	**doce**	33	**treinta y tres**
13	**trece**	40	**cuarenta**
14	**catorce**	41	**cuarenta y uno**
15	**quince**	42	**cuarenta y dos**
16	**dieciséis**	50	**cincuenta**
17	**diecisiete**	60	**sesenta**
18	**dieciocho**	70	**setenta**
19	**diecinueve**	80	**ochenta**
20	**veinte**	90	**noventa**
100	**cien(to)**	600	**seiscientos**
200	**doscientos**	700	**setecientos**
300	**trescientos**	800	**ochocientos**
400	**cuatrocientos**	900	**novecientos**
500	**quinientos**	1000	**mil**

Achtung: **uno** *vor einem Hauptwort wird zu* **un** *(m) oder* **una** *(f) auch in Zusammensetzungen (d. h. auch in 21, 31, 41 ...).*

Steht **ciento** *vor einem Hauptwort, wird es zu* **cien** *verkürzt. Beispiel: 100 Autos =* **cien coches.** *In Verbindung mit weiblichen Hauptwörtern enden die Hunderterzahlen auf* **-as.** *Beispiel: 500 Personen =* **quinientas personas.**

2001 = **dos mil uno**

Ordnungszahlen

Vor männlichen Hauptwörtern entfällt das **-o** *von* **primero** *und* **tercero,** *z. B.* **primer piso** *(1. Etage).*

primero	erster
segundo	zweiter
tercero	dritter
cuarto	vierter
quinto	fünfter
sexto	sechster
séptimo	siebter
octavo	achter
noveno	neunter
décimo	zehnter
último	letzter

Mengen

Zusammen mit Dingen wird **de** *(von) eingeschoben.*

un kilo	ein Kilo
medio kilo	ein halbes Kilo
cien gramos	hundert Gramm
un litro	ein Liter
una botella	eine Flasche
un paquete	ein Paket
una docena	ein Dutzend

una botella de vino
eine Flasche von Wein
eine Flasche Wein

un litro de leche
ein Liter von Milch
ein Liter Milch

Uhrzeit und Datum

Man benutzt nur das so genannte 12-Stunden-System. Damit es aber nicht zu Verwirrungen kommt, gibt es folgende Zusätze:

de la mañana	vormittags
de la tarde	nachmittags
de la noche	abends, nachts

Zur Einteilung des Tages siehe Kapitel „sich begrüßen“!

¿Qué hora es?
was Stunde (sie-)ist
Wie spät ist es?

¿Qué hora tienes?
was Stunde (du-)hast
Wie spät hast du es?

y	nach	**cuarto**	Viertel
menos	vor	**media**	halb

Hier nochmal die Zahlen bis 12:

una	1	**siete**	7
dos	2	**ocho**	8
tres	3	**nueve**	9
cuatro	4	**diez**	10
cinco	5	**once**	11
seis	6	**doce**	12

Es la una.
(sie-)ist die eins
Es ist 1.00/13.00.

Son las tres y cuarto.
(sie-)sind die drei und Viertel
Es ist 3.15/15.15.

Son las nueve menos cuarto.
(sie-)sind die neun minus Viertel
Es ist 8.45/20.45.

Son las cinco y media.
(sie-)sind die fünf und halbe
Es ist 5.30/17.30.

Son las once y veinticinco.
(sie-)sind die elf und fünfundzwanzig
Es ist 11.25/23.25.

¿A qué hora vienes?
zu was Stunde (du-)kommst
Wann kommst du?

¿Cuándo llega el avión?
wann (er-)ankommt der Flugzeug
Wann kommt das Flugzeug an?

A la una.
Um ein Uhr.

A las dos, tres, ...
Um zwei, drei, ... Uhr.

Bei allen Zeitangaben wird der weibliche Artikel gebraucht: **la** (bei Zahlen mit 1) und **las** (bei den anderen Zahlen).

Ursprünglich hieß es nämlich einmal:

la una hora	die eine Stunde
las dos horas	die zwei Stunden
las tres horas	die drei Stunden *usw.*

Wochentage

lunes	Montag
martes	Dienstag
miércoles	Mittwoch
jueves	Donnerstag
viernes	Freitag
sábado	Samstag
domingo	Sonntag

el vor einem Wochentag bedeutet „am". Also z. B. **el jueves** = am Donnerstag (wörtlich: der Donnerstag).

Monate

enero	Januar
febrero	Februar
marzo	März
abril	April
mayo	Mai
junio	Juni
julio	Juli
agosto	August
septiembre	September
octubre	Oktober
noviembre	November
diciembre	Dezember

© Archiv Turespaña

Fiestas de San Fermín, Iruña

Kurz-Knigge

Auf den folgenden Seiten finden Sie umgangssprachliche allgemeine Floskeln und Redewendungen, die eigentlich in jedem Gespräch vorkommen. Viele davon werden Sie am Anfang nicht verwenden, aber wer diese Ausdrücke von Spaniern hört, sollte sie auch verstehen können. Da es Ihnen ja darum geht, nicht nur das Land kennenzulernen, sondern auch **amigos** zu gewinnen, hier ein kleiner Wegweiser dafür.

Kritisieren Sie nicht alles, was von der deutschen Lebensform abweicht, sonst entsteht der Eindruck, Sie wären eingebildet und überheblich. Spanier reagieren dann zu Recht mit verletztem Stolz.

Die Anrede **tú** ist weiter verbreitet als das deutsche „du“. Vermeiden Sie es deshalb, zu oft **usted** zu gebrauchen, denn damit vermitteln Sie Ihrem Gesprächspartner ein Gefühl von unpersönlicher Distanz.

Spanier knüpfen viel schneller Kontakte, als wir es gewohnt sind. Das kann man ruhig nachmachen und von sich aus anfangen, etwas zu erzählen. Allerdings wird der leicht als aufdringlich und besserwisserisch empfunden, der unaufgefordert sog. „gutgemeinte Ratschläge“ gibt. Spanier neigen viel mehr zu positiven Ausdrücken, auch wenn das für uns übertrieben oder unehrlich wirken kann. So bedeutet z. B. **muy bien** (sehr gut) auch, je nach St mung des Sprechers, dass er etwas zwar versteht und akzeptiert, aber eigentlich eine ganz andere Meinung hat. Ein Spanier formuliert seine Wünsche meist als zaghaften Vorschlag oder Frage und erwartet, dass auch der Fremde nicht etwa seinen Willen mit dem Unterton ausdrückt „ich mache jetzt dies und das, und wenn du willst kannst du ja mitmachen."

Es gilt als äußerst unhöflich und verletzend, einen Vorschlag strikt abzulehnen. Der Spanier sagt eher, er wolle mal sehen, was sich machen lässt, oder dass er es mal versuchen will. Das darf man aber nicht als Zusage auffassen.

Es ist nicht üblich, alles im Voraus auf die Minute genau zu planen oder zu Verabredungen pünktlich zu kommen. Wenn man abends ausgehen will, wird vorher meist nicht festgelegt, wer wann wohin geht, sondern man improvisiert. Planung wird oft als Einschränkung empfunden.

In Kirchen sind kurze Hosen, Miniröcke u. Ä. nicht zugelassen. Frauen müssen dort eine Kopfbedeckung tragen und die Schultern bedeckt haben. Diese Vorschriften nicht zu beachten, gilt als Respektlosigkeit und kann einen Rausschmiss zur Folge haben.

Das geschriebene Wort gilt im Allgemeinen weniger als das gesprochene. Es ist deshalb immer besser, jemanden zu fragen, der sich auskennt, als irgendeinem veralteten Schriftstück zu glauben. Die Bürokratie ist zwar sehr ausgedehnt, doch lässt sich in fast allen Situationen immer noch „etwas machen".

Gesten und Handzeichen

Ich empfehle, diese Handzeichen nicht auszuprobieren, denn die meisten bedeuten etwas Negatives und auch in der Körpersprache gibt es verschiedene Dialekte. Beim Gespräch übrigens schaut man den anderen intensiv an, um nicht zu signalisieren „du langweilst mich".

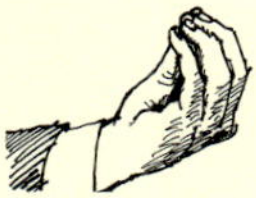

Daumen, Zeige- und Mittelfinger zusammengelegt und nach oben gerichtet, bedeutet „viel" oder eine Verstärkung der gesprochenen Aussage.

Ausgestreckter Zeige- und kleiner Finger werden als Spottgeste für „gehörnter Ehemann" gebraucht. Schwere Beleidigung!

Mit einem Finger das Augenlid herunterziehen bedeutet eine Warnung: „Pass bloß auf!"

Den gestreckten Zeigefinger auf der Wange drehen meint „homosexuell".

Der Unterarmschlag wird wie in Deutschland als Zeichen von Kraft und Potenz gebraucht.
Die geballte Faust und den Daumen unterm Zeigefinger durchgesteckt bedeutet „du Schlappschwanz".
Mit Daumen und Zeigefinger leicht an den Wangen streicheln heißt „ganz gut, was du da machst", also eine versteckte Anerkennung.

Nichts verstanden?

¿Habla usted ...
(er-/sie-)spricht
Sprechen Sie...

... alemán?
Deutsch
... Deutsch?

... castellano?
Spanisch
... Spanisch?

No, lo siento.
nein ihn (ich-)bedauere
Nein, tut mir Leid.

¿Cómo dice?
wie (er-/sie-)sagt?
Wie bitte?

Sólo un poquito.
nur ein wenigchen
Nur ein bisschen.

¿Comprende usted?
verstehen Sie?
Verstehen Sie?

Comprendo.
(ich-)verstehe
Ich verstehe.

bailadora de Flamenco

No lo entiendo.
nicht ihn (ich-)verstehe
Ich verstehe nicht.

Más despacio, por favor.
mehr langsam für Gefallen
Bitte etwas langsamer.

¿Puede repetir, por favor?
(er-/sie-)kann wiederholen für Gefallen
Würden Sie das bitte wiederholen?

¿Qué quiere decir „zapato"?
was (er-/sie-)will sagen "Schuh"?
Was bedeutet „zapato"?

Floskeln und Redewendungen

sich begrüßen

¡Hola!	Hallo!
¡Buenas!	Tag!

Llegas a punto.
(du-)kommst zu Punkt
Du kommst gerade richtig.

¿Qué haces tú por aquí?
was (du-)machst du für hier
Was machst du denn hier?

Buenos días.
gute Tage
Guten Morgen.

Buenas tardes.
gute Nachmittage
Guten Tag.

Buenas noches.
gute Nächte
Guten Abend/Nacht.

sich verabschieden

Adiós.	Auf Wiedersehen.
Chao.	Tschüß.
Buen viaje.	Gute Reise.
Entonces me voy.	Ich gehe jetzt.

Tengo que irme.
(ich-)habe dass gehen-mich
Ich muss gehen.

Ahora salgo.
jetzt (ich-)rausgehe
Ich gehe jetzt.

Me largo.
mich (ich-)entferne
Ich haue ab.

Hasta la vista.
bis die Sicht
Auf Wiedersehen.

Hasta mañana.	Bis morgen.
Hasta más tarde.	Bis später.
Hasta después.	Bis nachher.
Hasta pronto.	Bis bald.
Hasta luego.	Bis dann.
Recuerdos a ... / Saludos a ...	Grüße an ...

sich entschuldigen

Perdone.	Entschuldigung.
Disculpe.	Verzeihung.

Disculpe la interrupción.
entschuldigen(-Sie) die Unterbrechung
Entschuldigen Sie die Störung.

Lo siento de veras.
ihn (ich-)bedauere von Wahrheit
Tut mir wirklich Leid.

No era a propósito.
nicht (er-/sie-)war zu Absicht
Es war keine Absicht.

No es culpa mía.
nicht (sie-)ist Schuld meine
Es ist nicht meine Schuld.

Te lo puedo explicar.
dir ihn (ich-)kann erklären
Ich kann es erklären.

Lo que quiero decir es ...
ihn dass (ich-)will sagen (er-/sie-)ist
Was ich meine, ist ...

No te importa nada.
nicht dich (er-/sie-)bedeutet nichts
Das geht dich nichts an.

Es decir ...
(er-/sie-)ist sagen
Das heißt ...

Es para reir.
(er-/sie-)ist für lachen
Das ist doch lächerlich.

No es nada.
nicht (er-/sie-)ist nichts
Macht nichts.

No hay de qué.
nicht (man-)hat von was
Keine Ursache.

Está bien.
(er-/sie-)ist gut
Schon gut.

Wie geht's?

¿Qué tal?
was solcher
Wie geht's?

¿Cómo estás?
wie (du-)bist
Wie geht es dir?

¿Cómo le va?
wie ihm (er-/sie-)geht
Wie geht es Ihnen?

¿Cómo está usted?
wie (er-/sie-)ist Sie
Wie geht es Ihnen?

Estoy enfermo.
(ich-)bin krank
Ich bin krank.

Mal.	Schlecht.
Lamentable.	Erbärmlich.
Miserable.	Elendst.
Como siempre.	Wie immer.
Bien.	Gut.
Muy bien.	Sehr gut.
Bastante bien.	Ganz gut.
Así así. *(so so)*	Es geht so.
Mejor.	Besser.
Mucho mejor.	Viel besser.
Excelente.	Ausgezeichnet.
Fantástico.	Fantastisch.

berichten

Oye, me han contado ...
hör mir (sie-)haben erzählt
Man hat mir erzählt ...

¿Sabes lo último?
(du-)weißt der letzte
Weißt du schon das Neueste?

¿Sabes que ... ?
(du-)weißt dass
Weißt du, dass ... ?

Dicen que ...
(sie-)sagen dass
Man sagt, dass ...

Parece que ...
(er-/sie-)scheint dass
Es scheint, dass ...

Me han dicho que ...
mir (sie-)haben gesagt dass
Ich habe erfahren, dass ...

Me enteré de que ...
mich (ich-)informierte von dass
Man hat mir gesagt, dass ...

¿Ya conoces la novedad?
schon (du-)kennst die Neuigkeit
Weißt du es schon?

© Archiv Turespaña

Feria de Abril, Sevilla

meinen

Yo pienso que ...
Ich denke, dass ...

Mi opinión es que ...
Meine Meinung ist, dass ...

En mi opinión ...
in meine Meinung
Meiner Meinung nach ...

A mi me parece que ...
zu mir mich (er-/sie-)scheint dass
Mir scheint ...

Tengo la impresión de que ...
(ich-)habe die Eindruck von dass
Ich habe den Eindruck, dass ...

Bueno, creo que ...
gut (ich-)glaube dass
Also, ich glaube, dass ...

Ahora te voy a decir algo.
jetzt dir (ich-)gehe zu sagen etwas
Jetzt werde ich dir mal was sagen.

zustimmen

Tienes razón.
(du-)hast Vernunft
Du hast Recht.

Estoy de acuerdo.
(ich-)bin von Einigung
Ich stimme dem zu.

Eso se puede decir.
dies man kann sagen
Das kann man wohl sagen.

En efecto.
in Wirkung
Durchaus.

Es exacto.
(er-/sie-)ist genau
Das stimmt.

Pero que sí.
aber dass ja
Aber ja.

Claro.	Klar.
Seguro.	Sicher.
Es verdad.	Das ist wahr.

verneinen

Es falso.
(er-)ist falsch
Das ist falsch.

No es verdad.
nicht (sie-)ist Wahrheit
Das ist nicht wahr.

No en absoluto.
nein in unbedingt
Überhaupt nicht.

No hay nada verdadero.
nicht (man-)hat nichts Wahres
Das stimmt überhaupt nicht.

Carnaval, Gran Canaria

En ningún caso.
Auf keinen Fall.

Tú mientes.
Du lügst.

No te creo ni una palabra.
nicht dir (ich-)glaube nicht ein Wort
Ich glaube dir kein Wort.

No es así.
nicht (er-/sie-)ist so
So ist das nicht.

Está equivocado.
(er-/sie-)ist geirrt
Sie irren sich.

überzeugen

Me lo puedes creer.
mir ihn (du-)kannst glauben
Das kannst du mir glauben.

Pero escucha.
aber hör
Aber hör doch mal.

Es evidente que ...
(er-/sie-)ist offensichtlich dass
Es ist klar ...

No hay duda.
nicht (man-)hat Zweifel
Zweifellos.

Estoy convencido de que ...
(ich-)bin überzeugt von dass
Ich bin überzeugt, dass ...

Que sí ...
dass ja ...
Aber ja ...

widersprechen

¿Lo piensas de veras?
ihn (du-)glaubst von Wahrheit
Glaubst du das wirklich?

No puedes decirlo.
nicht (du-)kannst sagen-ihn
Das kannst du nicht sagen.

Pero, ¡qué me cuentas!
aber was mir (du-)erzählst
Was erzählst du denn da!

No te lo creo.
nicht dir ihn (ich-)glaube
Das glaube ich dir nicht.

Estoy en contra.
(ich-)bin in gegen
Ich bin dagegen.

No acepto que ...
nicht (ich-)hinnehme dass ...
Ich akzeptiere nicht, dass ...

Haces chistes.
(du-)machst Witze
Mach keine Witze.

¡Qué dices!
was (du-)sagst
Was du nicht sagst!

Me cuentas tonterías.
mir (du-)erzählst Dummheiten
Du redest Unsinn.

¡Qué barbaridad!
welche Barbarei
Blödsinn!

Estás chiflado.
(du-)bist übergeschnappt
Du spinnst wohl.

Estás loco/loca.
(du-)bist verrückt(m/f)
Du bist verrückt.

anzweifeln

No hablas en serio.
nicht (du-)sprichst in Ernst
Das ist doch nicht dein Ernst.

No hagas bromas.
nicht mach Scherze
Mach keine Witze.

¡Cuéntalo a los otros!
erzähl-ihn zu die anderen
Mir kannst du das nicht weismachen!

Eso me extrañaría mucho.
dies mich (er-/sie-)würde-wundern viel
Das würde mich sehr wundern.

No lo creo.
nicht ihn (ich-)glaube
Das glaube ich nicht.

Lo dudo.
ihn (ich-)zweifle
Das bezweifle ich.

Me pregunto si ...
mich (ich-)frage ob
Ich frage mich, ob ...

No puedo comprenderlo.
nicht (ich-)kann verstehen-ihn
Das verstehe ich nicht.

Hace el ridículo.
(er-)macht der Lächerliche
Er macht sich lächerlich.

sich begeistern

¡Es loco!	Das ist verrückt.
¡Qué bien!	Das ist toll!
Es estupendo.	Das ist Spitze.
Es hermoso.	Das ist schön.
Es súper.	Das ist super.
¡De primera!	Klasse!

sich freuen

Estoy loco de alegría.
(ich-)bin verrückt von Freude
Ich bin wahnsinnig froh.

Esto me complace.
dies mich freut
Das freut mich.

Estoy muy contento.
(ich-)bin sehr zufrieden
Ich bin zufrieden.

Estoy muy encantado.
(ich-)bin entzückt
Ich bin echt entzückt.

wünschen

Tengo muchas ganas de ...
(ich-)habe viele Lüste von ...
Ich möchte so gern ...

Tengo inmensas ganas de ...
habe unheimliche Lüste von ...
Ich hätte größte Lust zu ...

¡Ah! Si podría ...
Wenn ich ... könnte.

Sueño con ...
Ich träume von ...

Espero que vengas pronto.
(ich-)hoffe dass (du-)kommst bald
Ich hoffe, du kommst bald.

Me gustaría tanto ...
mir würde-gefallen soviel ...
Ich würde so gerne ...

¡Ojalá ... !
oh-Allah ... !
Hoffentlich!

jemanden einladen/etwas vorschlagen

Vamos a ...
Gehen wir ...

¿Te gustaría ... ?
dir würde-gefallen ... ?
Würde es dir gefallen ...?

¿Tienes ganas de ... ?
hast Lüste von ... ?
Hast du Lust zu ... ?

¿Te interesaría ... ?
dich würde-interessieren ... ?
Interessiert es dich ... ?

Podríamos ...
Wir könnten ...

¿Quieres ... ?
Möchtest du ... ?

Te propongo ...
dir (ich-)vorschlage ...
Ich schlage vor ...

¿Qué piensas si ... ?
was (du-)denkst wenn ... ?
Was meinst du, wenn ... ?

¿Qué te parece si ... ?
was dir scheint wenn ... ?
Was hältst du davon ... ?

Ven, te invito.
komm dich (ich-)einlade
Komm, ich lade dich ein.

Vámonos, chica/chico*.
Gehn' wir, Mädchen/Junge.

***chica** *und* **chico** *werden unabhängig vom Alter gebraucht, auch für Erwachsene und Greise.*

¿Qué haces esta tarde/noche?
was (du-)machst diese/r Nachmittag/Nacht?
Was machst du heute Nachmittag/Nacht?

¿Puedo acompañarte a casa?
(ich-)kann begleiten-dich zu Haus?
Kann ich dich nach Hause bringen?

¿Quieres que te lleve a mi casa?
(du-)willst dass dich (ich-)bringe zu meine Haus?
Willst du mit zu mir kommen?

¿Vamos a darnos un pequeño paseo?
(wir-)gehen zu geben-uns ein kleiner Spaziergang?
Sollen wir noch ein bisschen spazieren gehen?

Vorschlag annehmen

De acuerdo.	In Ordnung.
Bien.	Gut.
Con mucho gusto. *mit viel Gefallen*	Gerne.
Vale.	Einverstanden.
¿Por qué no?	Warum nicht?
Claro que sí.	Na klar.
Seguro.	Sicher.
Naturalmente.	Natürlich.
Es una buena idea.	Gute Idee.
Eso sería fantástico.	Das wäre phantastisch.
Estoy en favor.	Ich bin dafür.

bedauern/ablehnen

No gracias.
Nein danke.

No tengo ganas.
nicht habe Lüste
Ich habe keine Lust.

Eso no me dice nada.
das mir sagt nichts
Damit kann ich nichts anfangen.

No es posible.
nicht ist möglich
Das ist nicht möglich.

Es imposible.
ist unmöglich
Es geht nicht.

No quiero.
nicht (ich-)will
Ich will nicht.

Lo siento mucho.
es (ich-)bedaure sehr
Tut mir sehr Leid.

De eso nada. *von diesem nichts*	Kommt nicht in Frage.
No te acompaño. *nicht dich (ich-)begleite*	Ich komme nicht mit.
Es tu problema. *ist dein Problem*	Das ist deine Sache.

unsicher sein

No sé qué hacer.
nicht (ich-)weiß was tun
Ich weiß nicht, was tun.

Eso me deja confuso.
das mich lässt verwirrt
Das verwirrt mich.

Estoy confundido.
(ich-)bin durcheinander
Ich bin total verwirrt.

Estoy desorientado.
(ich-)bin verwirrt
Ich weiß nicht, was ich machen soll.

No estoy seguro.
nicht (ich-)bin sicher
Ich bin mir nicht sicher.

Todavía vacilo.
noch (ich-)schwanke
Ich bin mir noch nicht schlüssig.

Lo encuentro muy desagradable.
es (ich-)finde sehr unangenehm
Ich finde es sehr unangenehm.

Es muy desagradable para mí.
ist sehr unangenehm für mich
Es ist sehr unangenehm für mich.

überrascht sein

¡Es increíble!	Unglaublich!
Es imposible.	Unmöglich.
¿Qué?	Was?
¿Sueño o qué? *träume oder was?*	Träume ich oder was?
¿De veras? *von Wahrheit?*	Wirklich?
¡Es sorprendente! *ist überraschend!*	Das ist erstaunlich!
No puedo creerlo. *nicht (ich-)kann glauben-es*	Das kann ich nicht glauben.
¡Qué sorpresa!	So eine Überraschung!
No lo esperaba. *nicht es (ich-)erwartete*	Das habe ich nicht erwartet.
Me asombro de eso. *mich wundere von das*	Das wundert mich.
¡Dios mío!	Mein Gott!
¿Qué pasó? *was passierte?*	Was ist passiert?

Me quedé con la boca abierta.
mich blieb mit die Mund offen
Ich bin mit offenem Mund stehengeblieben.

¿Qué ocurrió? / ¿Qué sucedió? *was geschah?*	Was ist los?
Ay, ¡qué horror! *au welch Schrecken!*	Meine Güte!

sich unwohl fühlen

No me siento bien.
nicht mich (ich-)fühle gut
Ich fühle mich nicht gut.

No estoy bien.
nicht (ich-)bin gut
Ich bin nicht gut drauf.

Estoy agotado.
(ich-)bin erschöpft
Ich bin erschöpft.

Estoy al fin de los nervios.
(ich-)bin am Ende von den Nerven
Ich bin am Ende.

Estoy hecho polvo.
(ich-)bin gemacht Staub
Ich bin total kaputt.

sich langweilen

Me aburro.
mich langweile
Ich langweile mich.

Es aburrido.
ist langweilig
Mir ist langweilig.

Me es/da igual.
mir ist/gibt egal
Das ist mir egal.

Eso me deja frío.
das mich lässt kalt
Das lässt mich kalt.

¿Qué puedo hacer yo?
was kann machen ich
Was kann ich dafür?

¿Y qué?
Na, und?

¡Y bien!
Na und!

¿Para qué?
für was?
Wozu?

No me importa.
nicht mich angeht
Ich bin nicht scharf drauf.

Nada importante.
nichts wichtiges
Unwichtig.

No me interesa.
nicht mich interessiert
Nicht interessiert.

Me pregunto qué hago por aquí.
mich frage was (ich-)mache durch hier
Ich frage mich, was ich hier soll.

enttäuscht sein

Estoy desengañado.
(ich-)bin enttäuscht
Ich bin enttäuscht.

No valió la pena.
nicht lohnt die Mühe
Es hat sich nicht gelohnt.

Tuve mala pata/suerte.
(ich-)hatte schlechte/s Pfote/Glück
Ich hatte Pech.

Si lo hubiese sabido ...
wenn es (ich-)hätte gewusst ...
Wenn ich das gewusst hätte ...

¡Qué lástima!
Wie schade!

No puedes hacer nada.
nicht (du-)kannst machen nichts
Da kann man nichts machen.

Angst haben

Tengo miedo.
(ich-)habe Angst
Ich habe Angst.

Tengo un poco de miedo.
(ich-)habe ein wenig Angst
Ich habe ein bisschen Angst.

Estoy intranquilo.
(ich-)bin unruhig
Ich bin beunruhigt.

Estoy cagado.
(ich-)bin beschissen
Ich habe Schiss.

sich sorgen

Me preocupo.
mich sorge
Ich mache mir Sorgen.

Me inquieto por ...
mich beunruhige durch ...
Ich bin wegen ... beunruhigt.

Estoy nervioso.
(ich-)bin nervös
Ich bin nervös.

Estoy un poco inquieto.
(ich-)bin ein wenig unruhig
Ich bin etwas beunruhigt.

Mitleid haben

Te compadezco.
dich (ich-)bedaure
Du tust mir Leid.

¡Mi pobre!
Mein Armer /
meine Arme!

¡No tienes suerte!
nicht (du-)hast Glück
Da hattest du Pech!

¿Tienes mala suerte, verdad?
(du-)hast schlechtes Glück, Wahrheit?
Pech gehabt, was?

No quisiera estar en tu lugar.
nicht (ich-)möchte sein an deiner Stelle
Ich möchte nicht an deiner Stelle sein.

Me lo puedo imaginar bien.
mir es (ich-)kann vorstellen gut
Das kann ich mir gut vorstellen.

Puedo entenderlo bien.
(ich-)kann verstehen-es gut
Ich kann dich gut verstehen.

Tengo compasión contigo.
(ich-)habe Mitleid mit-dir
Ich habe Mitleid mit dir.

trösten

Hay algo peor.
(man-)hat etwas schlechter
Es gibt Schlimmeres.

No es tan grave.
nicht ist so schwer
Das ist doch nicht so schlimm.

Todo se arreglará.
alles sich wird-regeln
Das wird schon wieder.

No te alteres por eso.
nicht dich ärgere durch dies
Mach dich nicht verrückt.

No hay razón de alterarse.
nicht gibt's Grund von aufregen-sich
Kein Grund, sich aufzuregen.

sich verteidigen

¡Déjame tranquilo/tranquila!
lass mich ruhig (m/f)!
Lass mich in Ruhe!

¡Déjame en paz!
Lass-mich in Frieden!
Lass mich in Frieden!

¡Vete! *geh-dich!*	Hau ab!
¡Vete al infierno! *geh-dich zur Hölle!*	Geh zur Hölle!
¡Cierra la boca! *schließ den Mund!*	Halt's Maul!
¡Cállate! *beruhige-dich!*	Sei still!

¿Quieres una bofetada?
(du-)willst eine Ohrfeige?
Willst du eine Ohrfeige?

¡Te doy una torta!
dir (ich-)gebe eine Torte!
Ich hau dir gleich eine runter!

einen Rat geben

Si estuviera en tu lugar...
wenn (ich-)wäre in dein Ort ...
Ich an deiner Stelle ...

Sería mejor ...
Es wäre besser ...

Te aconsejo ...
dir (ich-)rate ...
Ich rate dir ...

No te preocupes.
nicht dich sorge
Mach dir keine Sorgen.

¡No vaciles!
nicht zögere!
Mach's doch!

¡Adelante!
vorwärts!
Na los!

Sería un error si ...
(es-)wäre ein Irrtum wenn ...
Es wäre ein Fehler, wenn ...

No medites tanto.
nicht nachdenke soviel
Überleg nicht so lange.

No te quiero dar consejos, pero ...
nicht dir (ich-)will geben Ratschläge aber ...
Ich will dir ja keine Ratschläge geben, aber ...

sich beklagen

Voy a quejarme.
(ich-)gehe zu beschweren-mich
Ich werde mich beschweren.

¡Es una vergüenza!
(es-)ist eine Scham!
Das ist eine Schande!

Plaza Real, Barcelona

¡Ahora exageras!
jetzt (du-)übertreibst!
Jetzt übertreibst du aber!

¿Te burlas de mí?
dich (du-)spottest von mir?
Machst du dich über mich lustig?

No tiene el derecho de ...
nicht (er-)hat das Recht von ...
Sie haben kein Recht zu ...

¡No es admisible!
nicht (es-)ist zulässig!
Das ist unerhört!

¡Oye!
hör!
Hör mal!

Es suficiente.
ist ausreichend
Das reicht.

¡Una vida de mierda!
eine Leben von Scheiße!
So ein Scheißleben!

¡Este coche de porquería!
dieser Wagen von Schweinerei!
Dieser Mistwagen!

¡Es el colmo!
ist der Gipfel!
Das ist die Höhe!

Eso sobrepasa todos los límites.
dies überschreitet alle die Grenzen
Das geht jetzt aber wirklich zu weit.

jemanden anrempeln

¿Le he hecho daño?
ihm (ich-)habe gemacht Schaden
Habe ich Ihnen wehgetan?

Lo siento de veras, señor.
es (ich-)fühle von wahr Herr
Es tut mir sehr Leid, mein Herr.

No lo había visto.
nicht es (ich-)hatte gesehen
Ich hatte Sie nicht gesehen.

No se preocupe.
nicht sich Sorgen-macht
Machen Sie sich keine Sorgen.

No ha sido nada.
nicht hat gewesen nichts
Es ist ja nichts gewesen.

Lo siento en el alma.
es (ich-)fühle in der Seele
Es tut mir in der Seele weh.

Perdone, le he pisado sin querer.
entschuldigen(-Sie) ihm (ich-)habe getreten ohne wollen
Entschuldigung, ich wollte Sie nicht treten.

zugeben

Confieso que ...
(ich-)zugebe dass ...
Ich gebe zu, dass ...

Hay que confesar ...
man muss zugeben ...
Ich muss zugeben ...

Reconozco que es verdad.
(ich-)anerkenne dass ist Wahrheit
Ich gebe zu, es ist wahr.

¡Ay! Es así.
Au! ist so
Tja, das stimmt.

Es cómo lo ha dicho.
ist wie er hat gesagt
Es ist, wie Sie sagen.

beurteilen

Quiero mucho a ...
(ich-)will viel zu ...
Ich mag ... sehr gerne ...

... me gusta.
... mir gefällt
gefällt mir.

Pienso que ...
(ich-)denke dass ...
Ich glaube, dass ...

Adoro a ...
(ich-)verehre zu ...
Ich habe ... sehr gerne.

Odio a ...
(ich-)hasse zu ...
...
Ich hasse ...

Tengo horror de ...
(ich-)habe Abscheu von
Ich hasse ...

Eso me conviene.
das mir passt
Es passt mir.

Vale la pena.
lohnt die Mühe
Es lohnt sich.

Das ist lustig.	**Es divertido/-a.**
Das ist veraltet.	**Es anticuado/-a.**
Das ist schrecklich.	**Es horrible.**
Er/Sie ist hässlich.	**Es feo/fea.**
Er/Sie ist verrückt. *(immer!)*	**Es loco/loca.**
Er/Sie ist verrückt. *(momentan!)*	**Está loco/loca.**
Er/Sie ist doof.	**Es tonto/tonta.**
Er/Sie ist süß.	**Es dulce.**
Er/Sie ist schlagfertig.	**Es listo/lista.**
Er/Sie ist witzig.	**Es gracioso/ graciosa.**
Er/Sie ist hübsch.	**Es lindo/linda.**
Er/Sie ist nett.	**Es amable.**

Sympathie

Eres simpático.	Du bist sympathisch.
Eres magnífico.	Du bist toll.
Eres un tipo agradable. *(du-)bist ein Typ angenehm*	Du bist ein netter Typ.
Me gustas. *mir gefällst*	Du gefällst mir.
Te quiero. *dich (ich-)liebe*	Ich mag/liebe dich.

Es una mujer estupenda.
(sie-)ist eine Frau toll
Sie ist eine super Frau.

Antipathie

No lo/la aguanto.
nicht ihn/sie (ich-)ertrage
Ich kann ihn/sie nicht leiden.

No lo/la quiero.
nicht ihn/sie (ich-)liebe
Ich mag ihn/sie nicht.

Me es antipático/-a.
mir ist unsympathisch
Er/Sie ist mir unsympathisch.

No puedo soportarlo/-a.
nicht (ich-)kann ertragen-ihn/sie
Ich kann ihn/Sie nicht ertragen.

Es imbécil.
Er/Sie ist bescheuert.

Es aburrido/aburrida.
Er/Sie ist langweilig.

No me toques el nervio.
nicht mir berühre den Nerv
Geh mir nicht auf die Nerven.

Es extravagante.
Er/Sie ist ausgeflippt.

lieben

Estoy loco por él/ella/tí.
(ich-)bin verrückt von er/sie/dir
Ich bin verrückt nach ihm/ihr/dir.

Es amor a primera vista.
ist Liebe von erste Sicht
Es ist Liebe auf den ersten Blick.

Es la gran pasión.
ist die große Leidenschaft
Das ist die große Liebe.

Me enamoré.
mich verliebte
Ich habe mich verliebt.

Te quiero mucho.
dich (ich-)liebe viel
Ich liebe dich sehr.

Me dejó. / Me abandonó.
mich ließ / mich verließ
Er/Sie hat mich verlassen.

Está jugando con mis sentimientos.
(er/sie)ist spielend mit meinen Gefühlen
Er/Sie spielt mit meinen Gefühlen.

Allgemeine Floskeln

¿Permiso?	Gestatten Sie?
¡Salud!	Gesundheit! / Prost!
Adelante.	Herein. Vorwärts.
Gracias.	Danke.
Muchas gracias.	Vielen Dank.
No gracias.	Nein danke.
Por favor. *für Gefallen*	Bitte... *(um etwas bitten)*
Tenga.	Bitte (nehmen Sie).
¿Cómo ha dicho?	Wie bitte?
A ver ...	Mal sehen ...
¡Por fin!	Na endlich!
¿Qué hay?	Was gibt's?
Imagínate ...	Stell dir vor ...
Etcétera ...	Und so weiter ...
Es decir ...	Das heißt ...
Y además ...	Und außerdem ...
Por otro lado ...	Auf der anderen Seite...
De otra manera ...	Andererseits ...
Si es así ...	Wenn das so ist ...
En una palabra ..	Kurz gesagt ...
Bueno ...	Na gut ...
¡Oye!	Hör mal! Sag mal!
¿Oyes?	Hörst du?
Oiga.	Hören Sie.
¡Hombre!	Mensch!

Hinweisschilder

ABIERTO	geöffnet
CABALLEROS	Herren
CAJA	Kasse
CALIENTE	heiß
CERRADO	geschlossen
COMPLETO	kein Platz mehr, ausverkauft
CUIDADO CON EL PERRO	Bissiger Hund
EMPUJAR	Drücken
ENTRADA	Eingang
ENTRADA LIBRE	Freier Eintritt
FRÍO	kalt
LIBRE	frei
NO TOCAR	Nicht berühren
OCUPADO	besetzt
PELIGRO DE MUERTE	Lebensgefahr
PLAYA	Strand
PROHIBIDO BAÑARSE	Baden verboten
PROHIBIDO ESCUPIR	Spucken verboten
PROHIBIDO EL PASO	Durchgang verboten
PROHIBIDO FUMAR	Rauchen verboten
PROHIBIDA LA ENTRADA	Kein Eingang
VENTA	Verkauf
SALIDA	Ausgang
SE VENDE	zu verkaufen
SE ALQUILA	zu vermieten
SEÑORAS	Frauen
SERVICIOS	Toiletten
TIRAR	Ziehen

Bekanntschaften machen

So könnte ein erster Dialog aussehen:

Hola. ¿Eres extranjero, verdad?
hallo (du-)bist Ausländer Wahrheit
Hallo. Du bist Ausländer, nicht wahr?

Sí, soy alemán.
ja (ich-)bin Deutscher
Ja, ich bin Deutscher.

Y, ¿de dónde vienes?
und von wo (du-)kommst
Und woher kommst du?

Soy de Essen.
(ich-)bin von Essen
Ich komme aus Essen.

Yo soy andaluza, pero vivo en Zaragoza.
ich bin Andalusierin aber (ich-)lebe in Zaragoza
Ich bin Andalusierin, aber ich wohne in Zaragoza.

Ah, lo veo ...
ah ihn (ich-)sehe ...
Ich verstehe ...

Me llamo O'Niel, ¿y tú?
mich (ich-)rufe O'Niel und du
Ich heiße O'Niel, und du?

Yo soy Maria José.
Ich bin Maria José.

¿Trabajas o estudias?
(du-)arbeitest oder (du-)studierst
Arbeitest du oder studierst du?

Trabajo en una tienda.
(ich-)arbeite in eine Geschäft
Ich arbeite in einem Laden.

Pues, yo soy estudiante de medicina.
dann ich bin Student von Medizin
Also, ich studiere Medizin.

Wie heißt du?

Me llamo Sabine.
mich (ich-)rufe Sabine
Ich heiße Sabine.

Y tú, ¿cómo te llamas?
und du wie dich (du-)rufst
Und wie heißt du?

Mi nombre es O'Niel.	Mein Name ist O'Niel.
Y éste es mi amigo Uwe.	Und das ist mein Freund Uwe.
Y ésta es mi amiga Roxy.	Und das ist meine Freundin Roxy.

Am besten ist es, man ist offen und unkompliziert. Fragen Sie einfach nach dem Namen oder stellen Sie sich selber vor.

Mucho gusto.
viel Vergnügen
Angenehm.

El gusto es mío.
der Vergnügen ist meiner
Ganz meinerseits.

Tú eres Silvia, ¿verdad?
Du bist Silvia, oder?

No, yo soy Andrea.
Nein, ich bin Andrea.

¿Cuál es tu apellido?
welcher (er-)ist dein Nachname
Wie heißt du mit Nachnamen?

Mi apellido es López.
Mein Nachname ist Lopez.

Dime, ¿sabes quién es esa señorita?
sag-mir (du-)weißt wer ist jene Fräulein
Sag mal, weißt du wer das Fräulein ist?

Dime, ¿sabes quién es ese muchacho?
sag-mir (du-)weißt wer ist jener Junge
Sag mal, weißt du wer der junge Mann ist?

No, no lo sé.
nein nicht ihn (ich-)weiß
Nein, das weiß ich nicht.

Creo que es Maria.
(ich-)glaube dass (sie-)ist Maria
Ich glaube, das ist Maria.

nombre *(m)*	Vorname
apellido *(m)*	Nachname
amigo *(m)*	Freund
amiga *(f)*	Freundin
encantado/ encantada	sehr erfreut *(m/f)*

In der Disco

¿Hay una discoteca por aquí cerca?
(man-)hat eine Disco für hier nahe
Gibt's hier in der Nähe eine Disco?

Conozco una buena discoteca.
(ich-)kenne eine gute Disco
Ich kenne eine gute Disco.

¿Quieres bailar?
(du-)möchtest tanzen
Möchtest du tanzen?

No sé bailar.
nicht (ich-)weiß tanzen
Ich kann nicht tanzen.

Con mucho gusto.
mit viel Vergnügen
Sehr gerne.

¡Déjame en paz!
lass-mich in Frieden
Lass mich in Ruhe!

No, gracias.	Nein danke.
¡Sí, claro!	Na klar!
¿Por qué no?	Warum nicht?

¿Vamos a bailar otra vez?
(wir-)gehen zu tanzen andere Mal
Tanzen wir nochmal?

¿Quieres que te enseñe un baile fantástico?
(du-)willst dass dir (ich-)zeige ein Tanz phantastisch
Soll ich dir mal einen tollen Tanz beibringen?

¿Qué haces después de la fiesta?
was (du-)machst nach von die Fest
Was machst du nach der Fete?

Te acompaño a casa.
dich (ich-)begleite zu Haus
Ich begleite dich nach Hause.

An der Theke

¿Quieres tomar algo?
(du-)willst nehmen etwas
Möchtest du etwas trinken?

Te invito a una copita.
dich (ich-)einlade zu eine Gläschen
Ich lade dich zu einem Gläschen ein.

¿Tomamos otra bebida?
(wir-)nehmen andere Getränk
Nehmen wir noch einen Drink?

Pago todo junto.
Ich zahle alles zusammen.

Achtung: **menudo** *heißt „klein", a* **menudo** *heißt „oft"!*

¿Vienes a menudo* por aquí?
(du-)kommst zu klein für hier
Kommst du oft her?

Cada dia.	**Cada sábado.**	**Cada semana.**
Jeden Tag.	Jeden Samstag.	Jede Woche.

¿Estás aquí por primera vez?
(du-)bist hier für erste Mal
Bist du das erste Mal hier?

¿Estás solo/sola?	**Claro que sí / no.**
(du-)bist allein(m/f)	*klar dass ja / nein*
Bist du allein hier?	Natürlich. / N. nicht.

Rauchen

¿Le molesta que fume?
Ihnen (er-)belästigt dass (ich-)rauche
Stört es Sie, wenn ich rauche?

No, en absoluto.
Nein, gar nicht.

Sí, naturalmente.
Ja, natürlich.

¿Me puede dar fuego, por favor?
mir (er-/sie-)kann geben Feuer für Gefallen
Könnten Sie mir bitte Feuer geben?

Lo siento mucho, pero no fumo.
ihn (ich-)fühle viel aber nicht (ich-)rauche
Es tut mir Leid, aber ich rauche nicht.

Le agradecería que esperara un poco, ...
Ihnen (ich-)danken-würde dass (er-)wartete ein wenig
Ich wäre Ihnen dankbar,wenn Sie ein wenig warten würden ...

... porque no me encuentro muy bien.
... weil nicht mich (ich-)befinde sehr gut
... weil ich mich nicht so gut fühle.

¿Le importaría abrir un poco la ventanilla?
Ihnen wichtig-wäre öffnen ein wenig die Fenster
Würden Sie bitte ein wenig das Fenster öffnen?

Eingeladen sein

Wer allein oder zu zweit reist, dem kann es passieren, dass man ihn zum Essen einlädt.

Selbst ein einfaches Essen besteht immer aus mehreren Gängen, mit denen man „gemästet" wird. Damit der Koch/die Köchin nicht den Eindruck bekommt, dass es nicht schmeckt, sollte man sich mindestens zweimal etwas auffüllen. Das ist in Spanien durchaus üblich und kommt einem Lob der Köchin/des Kochs gleich.

Als Mitbringsel eignen sich nicht so sehr Blumen, wohl aber Süßigkeiten oder Kleinigkeiten für die Kinder.

Zum Mittagessen wird meist Rotwein getrunken, aber es steht auch immer Wasser bereit. Auf den Tisch gehört eine Schale Brot oder es liegt ein Baguette da, von dem sich jeder ein Stück abbrechen kann.

© Archiv Turespaña

Guadalupe, Cáceres

Das nächste Kapitel zeigt die typischen Gesprächsthemen bei so einer Einladung, nämlich Alter, Familie und Beruf.

Alter

¿Cuántos años tienes/tiene?
wieviele Jahre (du-)hast/(er-/sie-)hat
Wie alt bist du/sind Sie?

Tengo 20 años.
(ich-)habe 20 Jahre
Ich bin 20.

No lo digo.
nicht ihn (ich-)sage
Das sage ich nicht.

A ver si lo adivinas.
zu sehen ob ihn (du-)rätst
Mal sehen, ob du es rätst.

¿Cuántos años le das?
wieviele Jahre ihm (du-)gibst
Für wie alt hältst du ihn?

Te doy treinta años.
dir (ich-)gebe 30 Jahre
Ich schätze dich auf 30.

Casi ...
Fast ...

Más o menos ...
mehr oder weniger ...
Ungefähr ...

Parece más joven.
(er-/sie-)scheint mehr jung
Er/Sie sieht jünger aus.

Familie

¿Cuántos hermanos tienes?
wieviele Brüder hast du
Wieviele Geschwister hast du?

Tengo sólo un hermano. **Se llama Emilio.**
(ich-)habe nur ein Bruder *sich (er-)ruft Emilio*
Ich habe nur einen Bruder. Er heißt Emilio.

¡Ah sí! Ahora me acuerdo.
ach ja jetzt mich (ich-)erinnere
Ach ja, jetzt erinnere ich mich.

Es él que vive en Zaragoza.
(er-)ist der dass (er-)lebt in Zaragoza
Das ist doch der, der in Zaragoza wohnt.

¿Cuándo vuelve tu marido?
wann (er-)zurückkommt dein Ehemann
Wann kommt dein Mann zurück?

Estás casado/casada? **Sí.**
(du-)bist verheiratet(m/f) *ja*
Bist du verheiratet? Ja.

¿Tienes hijos? **Tengo una hija.**
(du-)hast Söhne *(ich-)habe eine Tochter*
Hast du Kinder? Ich habe eine Tochter.

No estoy casado/casada.
nicht (ich-)bin verheiratet(m/f)
Ich bin nicht verheiratet.

¿Y tú? **Tampoco.**
Und du? Auch nicht.

¿Y tus padres viven todavía? **Sí, claro.**
und deine Väter (sie-)leben noch *ja klar*
Und deine Eltern leben noch? Klar.

Siento que no puedas conocerlos.
(ich-)bedauere dass nicht (du-)kannst kennenlernen-sie
Leider lernst du sie nicht kennen.

Tanto mejor que así estaremos solos.
soviel besser dass so (wir-)werden-sein allein
Um so besser, dann sind wir ja alleine.

padre/madre	Vater/Mutter
hermano/hermana	Bruder/Schwester
hijo/hija	Sohn/Tochter
tío/tía	Onkel/Tante
sobrino/sobrina	Neffe/Nichte
primo/prima	Cousin/Cousine
casado/casada	verheiratet *(m/f)*
soltero/soltera	ledig *(m/f)*
marido/esposa	Ehemann/Ehefrau

Berufe

¿Qué profesión tiene/tienes?
was Beruf (er-/sie-)hat/(du-)hast
Welchen Beruf haben Sie/hast du?

¿Qué estudias?
was (du-)studierst
Was studierst du?

Todavía voy a la escuela.
noch (ich-)gehe zu die Schule
Ich gehe noch zur Schule.

Lässt man die männlichen Berufsbezeichnungen auf **-a** enden, so werden sie weiblich:

ingeniera	Ingenieurin
profesora	Lehrerin *usw.*

Soy ...
Ich bin ...

parado	arbeitslos
obrero	Arbeiter
empleado	Angestellter
pensionado	Rentner
ama de casa	Hausfrau
estudiante	Student
ingeniero	Ingenieur
profesor	Lehrer, Dozent
secretaria	Sekretärin
comerciante	Händler
negociante	Geschäftsmann
médico	Arzt
enfermera	Krankenschwester
mecánico	Mechaniker
panadero	Bäcker
carpintero	Tischler
peluquero	Friseur
guardia	Polizist
técnico	Techniker

Weinernte, Huelva

Einkaufen

Auch im Euroland können sich natürlich die Preise ändern. Im Allgemeinen kann man auch auf Märkten heutztage kaum noch handeln.

¿En qué puedo servirle?
in was (ich-)kann dienen-Ihnen
Womit kann ich Ihnen dienen?

¿Tienen ustedes el disco "Black out" de Scorpions?
haben Sie der Platte "Black-out" von Scorpions
Haben Sie die Platte „Black-out" von den Scorpions?

No, no lo tengo. **¿Y "Tokyo tapes"?**
nein nicht ihn (ich-)habe *und "Tokyo-tapes"*
Nein, die habe ich nicht. Und „Tokyo-tapes"?

Sí, señor. **Ése sí lo tenemos.** **Aquí está.**
ja Herr *dieser ja ihn (wir-)haben hier (er-)ist*
Ja, mein Herr. Diese haben wir. Hier ist sie.

¿Cuánto cuesta? **15 Euros.**
wieviel (er-)kostet
Wieviel kostet das? 15 Euro.

Necesito comprar un traje ligero.
(ich-)brauche kaufen ein Anzug leicht
Ich möchte einen leichten Anzug kaufen.

¿De qué color lo desea?
von was Farbe ihn (er-/sie-)wünscht
Welche Farbe hätten Sie gerne?

De un color claro.
von ein Farbe klar
Eine helle Farbe bitte.

Esto (no) me gusta.
dies (nicht) mir (er-)gefällt
Das gefällt mir (nicht).

Su medida es 50, ¿verdad?
Ihre Größe ist 50 Wahrheit
Sie haben Größe 50, stimmt's?

No, creo que es 52.
nein (ich-)glaube das (sie-)ist 52
Nein, ich glaube, das ist 52.

¿Qué precio tiene?
was Preis (er-/sie-)hat
Wie teuer ist das?

Es demasiado ...
Es ist zu ...

caro	teuer
pequeño	klein
grande	groß
ancho	weit
corto	kurz
largo	lang
oscuro	dunkel
claro	hell

Einkaufsliste

pulsera	Armband
cenicero	Aschenbecher
pila	Batterie
sello	Briefmarke
libro	Buch
película de diapositivas	Diafilm
abrelatas *(m)*	Dosenöffner
película	Film
bombilla	Glühbirne
cinturón	Gürtel
vaqueros (tejanos) *(Mz)*	Jeans
peine *(m)*	Kamm
vela	Kerze
sacacorchos *(m)*	Korkenzieher
esparadrapo	Pflaster
disco	Platte
postal *(f)*	Postkarte
anillo	Ring
crema bronceadora	Sonnencreme
aceite bronceador *(m)*	Sonnenöl
mapa *(m)* **de la ciudad**	Stadtplan
cerillas *(Mz)*	Streichhölzer
papel *(m)* **higiénico, papel crep** *(m)*	Toilettenpapier
reloj *(m)*	Uhr
pañales *(Mz)*	Windeln
pasta de dientes	Zahnpasta
periódico	Zeitung
adaptador *(m)*	Zwischenstecker

an der Reihe sein

Lo siento, pero ahora me toca a mí.
ihn (ich-)bedauere aber jetzt mich (er-)berührt zu mir
Tut mir Leid, aber jetzt bin ich dran.

Llevo media hora esperando.
(ich-)trage halbe Stunde wartend
Ich warte schon seit einer halben Stunde.

Ah perdone, pensaba que me tocara a mí.
ah entschuldigen(-Sie) (ich-)dachte dass mich (er-)berührt zu mir
Entschuldigung, ich dachte, ich wäre dran.

Auf dem Markt

¡Buenas!
gute
Tag!

¿Cómo está?
wie (er-/sie-)ist
Wie geht's?

Bien, como siempre.
gut wie immer
Gut, wie immer.

¿Qué quiere?
was (er-/sie-)will
Was möchten Sie?

Quiero comprar manzanas y patatas.
(ich-)will kaufen Äpfel und Kartoffeln
Ich möchte Äpfel und Kartoffeln.

¿A cuánto están esas manzanas verdes?
zu wieviel (sie-)sind diese Äpfel grüne
Wieviel kosten diese grünen Äpfel?

Dos euros el kilo.
zwei Euros der Kilo
2 Euro das Kilo.

¿Y las patatas?
und die Kartoffeln
Und die Kartoffeln?

Un euro cuarenta el kilo.
ein Euro vierzig der Kilo
1 Euro 40 das Kilo.

Entonces déme un kilo de manzanas y dos de patatas.
dann geben(-Sie)-mir ein Kilo von Äpfel und zwei von Kartoffeln
Dann bitte ein Kilo Äpfel und zwei Kilo Kartoffeln.

A ver, son cuatro euros y ochenta en total.
zu sehen (sie-)sind 4 Euro und 80 in ganz
Mal sehen, das sind 4 Euro und 80 zusammen.

¡Oh, demasiado caro!
Oh zu teuer
Oh, zu teuer!

Solamente tengo cuatro euros.
nur (ich-)habe 4 Euros
Ich habe nur 4 Euro.

Soy un pobre estudiante ...
(ich-)bin ein armer Student ...
Ich bin nur ein armer Student ...

Bueno, déme cuatro.
gut geben-mir 4
Na gut, dann geben Sie mir 4.

Usted es muy amable.
Sie sind sehr freundlich.

Adiós.
Tschüß.

Wochenmarkt, Santiago de Compostela

Lebensmittel

Apfel	**manzana**
Apfelsine	**naranja**
Banane	**plátano**
Brot	**pan** *(m)*
Brötchen	**panecillo**
belegtes Brötchen	**bocadillo**
Butter	**mantequilla**
Ei	**huevo**
Eis	**helado**
Gurke	**pepino**
Hähnchen	**pollo**
Kaffee	**café** *(m)*
Käse	**queso**
Kekse	**galletas**
Kopfsalat	**lechuga**
Kuchen, Torte	**tarta**
Milch	**leche** *(m)*
Pfeffer	**pimienta**
Saft	**jugo**
Salat	**ensalada**
Schokolade	**chocolate** *(m)*
Schinken	**jamón** *(m)*
Tee	**té** *(m)*
Wurst	**salchichón** *(m)*
Würstchen	**salchicha**
Zitrone	**limón** *(m)*
Zucker	**azúcar** *(m)*

Essen und Trinken

Es gibt viele Möglichkeiten, sich in Spanien zu verpflegen. Die **restaurantes** tragen verschiedene Bezeichnungen, von denen ich die häufigsten erkläre:

Albergue de Carretera
Sie steht an vielen der größeren Landstraßen. Man kann dort essen und übernachten.

American Bar / Bar Americano
Ein Nachtklub, wo man meist nur alkoholische Getränke zu sich nimmt.

Bar
Straßencafé, wo man frühstückt, einen Kaffee oder eine Cola trinkt oder eine Kleinigkeit isst.

Bodega
Das ist eine einfach eingerichtete Weinstube.

Café-Cafetería
Man bekommt hier Eis, Kaffee und alle anderen Getränke, aber keinen Kuchen.

Comida
Hier bekommt man einfache Gerichte.

Fonda
Ein Landgasthof, in dem man gutbürgerlich und reichhaltig speisen kann.

Horchatería
Hier gibt es nur Erfrischungsgetränke.

Hostal (Hostería, Hostelería)
Eine volkstümlich aufgemachte Gaststätte mit Spezialitäten der lokalen Küche.

Pastelería – Confitería
Konditoreien, wo man auch einen Kaffee trinken kann; kommen nur in größeren Städten vor.

Posada
Landgaststätte, die hauptsächlich regionale Spezialitäten bietet.

Refugio de montaña
Kommen in Berggegenden vor.
Man bekommt hier ein einfaches, aber sehr gutes Essen.

Taberna
Entspricht etwa unserer „Kneipe", aber es gibt hier eine große Auswahl an kleinen Appetithäppchen, so genannten **tapas.**

Tasca
Auch hier gibt es **tapas** und vor allem regionale Spezialitäten.

Venta
Dies ist ein antik und volkstümlich eingerichtetes Speiselokal.

Tapas: **olivas**

Spanische Spezialitäten

Tapas: In jedem typischen Restaurant bekommt man kleine, auf Zahnstocher aufgespießte Stück-chen Fleisch, Wurst, Käse, Muscheln, Schinken, Fisch usw.
als Appetithäppchen, die man meistens stehend an der Theke isst.

Pinchos: verschiedene Fleischarten mit Zwiebeln, Paprika und Pilzen gegrillt.

Albóndigas: gut gewürzte kleine Fleischklößchen.
Empanadillas: mit Fisch oder Fleisch gefüllte kleine Pasteten.
Buñuelitos: In Fett Gebackenes, mit Ei, Fisch oder Schinken gefüllt.
Sopa de ajo: Die berühmte Knoblauchsuppe mit gebratenen Brotstückchen und Paprika. Wird als Vorspeise gegessen.
Tortilla: Dieses Omelett gibt es in zwei Arten, aufgerollt **(francesa)** oder rund und flach **(española).**
Huevos al nido: Eigelb in weichen kleinen Brötchen gebraten und dann mit Eiweiß überdeckt.
Huevos al trote: Gekochte Eier, mit Thunfisch gefüllt und mit Mayonnaise serviert.
Paella: Typisches Reisgericht, auf einer flachen Metallplatte gekocht. Es besteht aus Fleisch, Hähnchen, Meeresfrüchten und mit Safran gelb gefärbtem Reis.
Paella catalana: Schweinefilet, Wurst, Tintenfisch, rote Paprika, Erbsen und Tomaten.
Paella alicantina: Fisch, Artischocken, Tomaten, Zwiebeln und grüne Paprika.
Paella zamorrana: Schweinefleisch, Schweinepfötchen, Schinken und rote Paprika.
Menestra de pollo: Eintopfgericht aus Hähnchen und Gemüse.
Pimientos a la riojana: Mit Hackfleisch gefüllte rote Paprikaschoten.

Tapas: **patatas bravas**

bestellen

¿Puedo ver la carta?
(ich-)kann sehen die Karte
Kann ich die Karte bekommen?

¿Tiene usted ... ?	Haben Sie ... ?
¿Qué quieren?	Was wollen Sie?
¿Qué desean?	Was möchtenSie?
¿Qué toman?	Was nehmen Sie?
Quiero ..	Ich will ...
Quisiera ...	Ich möchte ...
Tomo ...	Ich nehme/trinke ...
Tomaré ...	Ich werde ... nehmen.
Tomaremos ...	Wir werden ... nehmen.
Queremos ...	Wir wollen ...
Deme ...	Geben Sie mir ...
Denos ...	Geben Sie uns ...

¿A qué hora cierran?
zu was Stunde (sie-)schließen
Wann schließen Sie?

¿A qué hora empiezan a servir la cena?
zu was Stunde (sie-)anfangen zu servieren die Abendessen
Ab wann wird das Abendessen serviert?

¿Podría traerme/traernos ... ?
(er-/sie-)könnte mir/uns bringen ... ?
Könnten Sie mir/uns bitte ... bringen?

Quisiera una mesa para dos, tres, cuatro, seis.
(ich-)möchte eine Tisch für zwei, drei, vier, sechs
Ich möchte einen Tisch für 2, 3, 4, 6 Personen.

Tráigame por favor ...
Bringen Sie mir bitte ...

un pollo asado	ein Hähnchen
patatas fritas	Pommes Frites
un helado de fresa	ein Erdbeereis
una naranjada	eine Orangenlimonade
un bisté	ein Steak
unos pasteles	Pasteten, Gebäck
sopa de tomate	Tomatensuppe

Me falta ...
Mir fehlt ...

el cuchillo	das Messer
el tenedor	die Gabel
el plato	der Teller
el vaso	das Glas
la cuchara	der Löffel
la servilleta	die Serviette

Bei Tisch

Pásame ..., por favor.
Gib mir bitte ... .

¿Quieres ... ?
Möchtest du ... ?

el pan	das Brot
el queso	der Käse
el azúcar	der Zucker
la sal	das Salz
la pimienta	der Pfeffer
la ensalada	der Salat
la mantequilla	die Butter
la leche	die Milch

¿Te gusta ... ?
Schmeckt/Gefällt dir ...?

esta cena	dieses Abendessen
esta comida	dieses Essen
este almuerzo	dieses Mittagessen
este desayuno	dieses Frühstück
este plato	dieses Gericht
este restaurante	dieses Restaurant

... me gusta mucho.
... schmeckt mir sehr.

este emparedado	dieses Sandwich
este bocadillo	dieses bel. Brötchen
este postre	dieser Nachtisch
este legumbre	dieses Gemüse
esta ensalada	dieser Salat
esta fruta	dieses Obst
esta sopa	diese Suppe

Este ... está delicioso.
Dieser ... schmeckt gut.

filete	Filet
cordero	Lamm
arroz	Reis

Esta ... está deliciosa.
Diese ... schmeckt gut.

ensalada	Salat
sopa	Suppe
fruta	Obst

Taberna Viva Madrid, Madrid

Im Café

una taza de ...	eine Tasse ...
una botella de ...	eine Flasche ...
un vaso de ...	ein Glas ...

bocadillo de queso	Käse-Brötchen
... de jamón *(m)*	Schinken- ...
... de huevo	Ei- ...
... de atún *(m)*	Thunfisch- ...

helado de fresa	Erdbeereis
... de chocolate	Schokoladeneis
... de vainilla	Vanilleeis

Achtung: **cola** *= „Schwanz"!*

zumo de fruta	Fruchtsaft
... de manzana	Apfelsaft
... de naranja	Orangensaft
agua mineral	Mineralwasser
coca	Cola*
café (solo) *(m)*	Kaffee (schwarz)
(con/sin) azúcar *(m)*	(mit/ohne) Zucker
(con/sin) leche *(f)*	(mit/ohne) Milch
chocolate *(m)*	Kakao
té	Tee
batido	Milchshake
cerveza	Bier
agua tónica	Tonic
ginebra	Gin
vodca	Wodka
wiskey	Whiskey
coñac *(m)*	Cognac

bezahlen

Queremos pagar.	**¿Pagan juntos?**
(wir-)wollen zahlen	*(sie-)zahlen zusammen*
Wir möchten zahlen.	Zahlen Sie zusammen?

Wenn Sie mit spanischen Freunden im Café oder Restaurant gewesen sind, zahlt zuerst nur einer. Die anderen geben ihm dann soviel, wie sie meinen, verzehrt zu haben. Man gibt dem

Kellner Trinkgeld, auch wenn Bedienungsgeld schon im Preis enthalten ist!

Das genaue getrennte Abrechnen ist nicht üblich. Deshalb sollte man auch nicht auf getrennte Rechnungen bestehen.

¿Cuánto es?
wieviel (er-/sie-)ist
Was macht das?

La cuenta, por favor.
die Rechnung für Gefallen
Die Rechnung, bitte.

¿El servicio está incluido?
der Service ist inbegriffen
Ist die Bedienung inbegriffen?

Quédese con la vuelta.
bleiben(-Sie)-sich mit die Wechselgeld
Der Rest ist für Sie.

Eso es para usted.
das (er-/sie-)ist für Sie
Das ist für Sie.

reklamieren

Esto no es lo que he pedido.
dies nicht (er-)ist das was (ich-)habe bestellt
Das habe ich nicht bestellt.

¿Puede cambiarme esto?
(er-/sie-)kann wechseln-mir dies
Können Sie mir das umtauschen?

Está demasiado dulce/salado/amargo.
(er-)ist zuviel süß/salzig/bitter
Das ist zu süß/salzig/bitter.

Toilette

So kann man sich nach Toiletten erkundigen:

¿Hay por aquí un servicio público?
(man-)hat für hier ein Toilette öffentlich
Gibt es eine öffentliche Toilette hier in der Nähe?

¿Dónde están los servicios?
Wo sind die Toiletten?

Perdone, ¿dónde está el lavabo?
Entschuldigung, wo ist die Toilette?

¿Puede darme papel higiénico?
(er-/sie-)kann geben-mir Papier hygienisch
Können Sie mir Toilettenpapier geben?

El sifón del retrete no funciona.
der Spülung vom Klo nicht (er-)funktioniert
Die Spülung geht nicht.

Falta jabón y una toalla.
Es fehlt Seife und ein Handtuch.

Aufschriften

CABALLEROS	Herren
SEÑORAS	Damen
OCUPADO	besetzt
LIBRE	frei

Unterwegs

Es folgen einige Sätze, die dabei helfen, sich unterwegs zurechtzufinden.

in der Stadt

¿Puede decirme dónde está la universidad?
(er-/sie-)kann sagen-mir wo ist die Universität
Können Sie mir sagen, wo die Universität ist?

Oiga, por favor, ¿hay un banco por aquí cerca?
hören(-Sie) für Gefallen (man-)hat ein Bank für hier nah
Hören Sie bitte, gibt es hier in der Nähe eine Bank?

Perdone, ¿para ir a la estación?
verzeihen(-Sie) für gehen zu die Bahnhof
Verzeihung, wo geht's hier zum Bahnhof?

¿Dónde se encuentra la oficina de correos?
wo sich (sie-)befindet die Büro von Post
Wo ist das Postamt?

primero	zuerst
después	dann
luego	später
al final	schließlich
la primera calle	1. Straße
la segunda ...	2. Straße
la tercera ...	3. Straße
la última ...	letzte Straße

coja	nehmen Sie	**coge**	nimm
tome	nehmen Sie	**toma**	nimm
gire	biegen Sie ab	**gira**	biege ab
siga	gehen Sie weiter	**sigue**	geh weiter
cruce	überqueren Sie	**cruza**	überquere
vaya	gehen Sie	**ve**	geh

Está ...
Es ist ...

a la derecha.	rechts.
a la izquierda.	links.
todo recto.	geradeaus.
aquí/ahí/allí	hier/da/dort.
al lado de ...	neben ...
cerca.	in der Nähe.
lejos.	weit weg.
al fondo.	da hinten.
al final de ...	am Ende von ...

Viele Geschäfte haben einen Namen mit der Endung **-ería.** So wird z. B. aus **zapato** (Schuh) **zapatería** (Schuhgeschäft).

avenida	Allee
ayuntamiento	Rathaus
bar *(m)*	Café/Restaurant
barrio	Stadtteil
bodega	Weinstube
camino	Weg
capital *(f)*	Hauptstadt
carnicería	Fleischerei
carretera	Autobahn

centro	Zentrum
cine	Kino
ciudad *(f)*	Stadt
embajada	Botschaft
escuela	Schule
farmacia	Apotheke
iglesia	Kirche
jardín botánico	Botanischer Garten
lavandería	Wäscherei
librería	Bücherladen
mercado	Markt
panadería	Bäckerei
papelería	Schreibwarenladen
pueblo	Dorf
tienda	Laden
zapatería	Schuhgeschäft

Plaza Mayor, Madrid

Post/Bank

Quisiera dos sellos para cartas a Alemania.
Ich möchte zwei Briefmarken für Briefe nach Deutschland.

¿Cuánto cuesta una postal a Alemania/Austria/Suíza?
Wieviel kostet eine Postkarte nach Deutschland/Österreich/Schweiz?

¿Dónde puedo comprar sellos?
wo (ich-)kann kaufen Briefmarken
Wo kann ich Briefmarken kaufen?

En el estanco.
Im Tabakladen.

¿Dónde puedo llamar por teléfono, por favor?
wo (ich-)kann rufen für Telefon für Gefallen
Wo kann ich bitte telefonieren?

Quiero cambiar cien dólares en euros.
(ich-)will wechseln 100 Dollars in Euros
Ich möchte 100 Dollar in Euro tauschen.

Quiero doscientos euros.
(ich-)will 200 Euros
Ich möchte 200 Euro.

¿Cuánto es en francos suízos?
wieviel (er-/sie-)ist in Franken Schweizer
Wieviel ist das in Schweizer Franken?

Eine Unterkunft suchen

¿Hay ...?	Gibt es ... ?
¿Tiene usted ...?	Haben Sie ... ?
Quisiera ...	Ich möchte ...
Quisiéramos ...	Wir möchten ...
una habitación	ein Zimmer
dos habitaciones	zwei Zimmer
con baño	mit Bad
con ducha	mit Dusche
con dos camas	mit zwei Betten
con agua corriente	mit fließendemWasser
con televisión	mit Fernseher
con radio	mit Radio
Sólo una noche.	Nur eine Nacht.
Para unos días.	Für einige Tage.
Para una semana.	Für eine Woche.

No sé hasta cuándo me voy a quedar.
nicht (ich-)weiß bis wann mich (ich-)gehe zu bleiben
Ich weiß noch nicht, wie lange ich bleiben werde.

¿Cuánto cuesta ...	Wieviel kostet es ...
... con desayuno?	... mit Frühstück?
... con pensión completa?	... mit Vollpension?
... por noche?	... pro Nacht?
... por semana?	... pro Woche?
Es demasiado caro.	Es ist zu teuer.
No me gusta.	Es gefällt mir nicht.

¿Puedo ver la habitación?
(ich-)kann sehen die Zimmer
Kann ich das Zimmer sehen?

Muy bien, la tomo.
sehr gut sie (ich-)nehme
Gut, ich nehme es.

Auf dem Lande

altiplano	Hochebene
animal *(m)*	Tier
árbol *(m)*	Baum
arena	Sand
bosque *(m)*	Wald
cabaña	Hütte
caminar	gehen
campo	Feld
catarata	Wasserfall
costa	Küste
cueva	Höhle
dunas	Dünen
este *(m)*	Osten
flor *(f)*	Blume
hacienda	Farm
isla	Insel
lago	See
mar *(f)*	Meer
meseta	Hochebene
nadar	schwimmen
norte *(m)*	Norden
oeste *(m)*	Westen
ola	Welle
pampa	Grasebene
piscina	Schwimmbad
playa	Strand
punta	Spitze
río	Fluss
sierra	Gebirgskette
sombra	Schatten
subir	heraufsteigen

sur *(m)*	Süden
vacaciones	Ferien
valle *(m)*	Tal

Das Wetter

Hace* calor.	Es ist warm.
(er-)macht Wärme	
Hace frío.	Es ist kalt.
(er-)macht Kälte	
Hace sol.	Die Sonne scheint.
(er-)macht Sonne	
Hace buen tiempo.	Es ist gutes Wetter.
(er-)macht gut Wetter	
Hace mal tiempo.	Es ist schlechtes Wetter.
(er-)macht schlecht Wetter	
Hace viento.	Es ist windig.
Corre aire.	Es ist windig.
(er-)läuft Luft	
Llueve mucho.	Es regnet viel.
Lluvió un poco.	Es regnete ein bisschen.

In vielen Redewendungen zur Angabe des Wetters wird das Wort **hacer** *(machen) gebraucht. Für die Vergangenheit gebraucht man* **hacía** *anstatt* **hace: Hacía sol.** *= Die Sonne schien.*

En invierno nieva algunas veces.
in Winter (er-)schneit einige Male
Im Winter schneit es manchmal.

Hace treinta grados a la sombra.
(er-)macht dreißig Grad zu die Schatten
Es ist 30 Grad im Schatten.

Hace dos grados sobre/bajo cero.
(er-)macht zwei Grad über/unter Null
Es ist 2 Grad über/ unter 0.

... mit öffentlichen Verkehrsmitteln

Busse, die zur nächsten Stadt oder noch weiter fahren, halten hauptsächlich am örtlichen Busbahnhof. Man kann in diesen Bussen selbst keine Fahrkarten kaufen, sondern muss sie sich (am besten einen Tag vorher) am Schalter besorgen.

Oft sind die Karten nummeriert und werden ausgerufen. Wichtig ist es deshalb, die Zahlen zu kennen!

Quiero un billete para Barcelona.
(ich-)will ein Fahrschein für Barcelona
Ich möchte eine Karte nach Barcelona.

¿Para cuándo?	Für wann?
¿A qué hora?	Um wieviel Uhr?
¿Qué clase?	Welche Klasse?

El próximo autobús.
der nächste Bus
Für den nächsten Bus.

Para las ocho de la tarde.
für die acht von die Nachmittag
Für 8 Uhr abends.

Un billete de ida y vuelta a Madrid, por favor.
ein Fahrschein von Fahrt und Rückkehr zu Madrid für Gefallen
Eine Rückfahrkarte nach Madrid, bitte.

¿Cuánto cuesta el viaje a Toledo?
wieviel (er-)kostet der Reise zu Toledo
Wieviel kostet die Fahrt nach Toledo?

¿Dónde tengo que cambiar de tren?
wo (ich-)habe dass wechseln von Zug
Wo muss ich umsteigen?

¿Dónde puedo comprar los billetes?
wo (ich-)kann kaufen die Fahrkarten
Wo kann ich die Fahrkarten kaufen?

¿Hay que sacar un suplemento para este tren?
(man-)hat dass ziehen ein Zuschlag für dieser Zug
Muss man Zuschlag für diesen Zug zahlen?

¿Dónde hay una ventanilla?
wo (man-)hat eine Fensterchen
Wo gibt's einen Fahrkartenschalter?

agotado	ausverkauft	**maleta**	Koffer
aeropuerto	Flughafen	**moto** *(f)*	Motorrad
asiento	Sitzplatz	**ocupado**	besetzt
avión *(m)*	Flugzeug	**parada**	Haltestelle
barco	Schiff	**peaje** *(m)*	Maut
bicicleta	Fahrrad	**precio**	Preis
billete	Fahrkarte	**primera**	erste Klasse
camión *(m)*	Lastwagen	**puerto**	Hafen
clase *(f)*	Klasse	**rebaja**	Ermäßigung
coche *(m)*	Wagen	**salida**	Abfahrt
equipaje *(m)*	Gepäck	**segunda**	zweite Klasse
esperar	warten	**sólo ida**	nur Hinfahrt
estación *(f)*	Bahnhof	**Talgo**	Schnellzug
ida y vuelta	Hin- u. Rückf.	**tren** *(m)*	Zug
libre	frei	**ventana**	Fenster
llegada	Ankunft	**ventanilla**	Schalter
lleno	voll	**viaje (m)**	Reise

... im eigenen Wagen

eje *(m)*	Achse
arranque *(m)*	Anlasser
tubo de escape	Auspuff
batería	Batterie
intermitente *(m)*	Blinker
freno	Bremse
empaquetadura	Dichtung
gasóleo *(m)*	Diesel
repuesto, recambio	Ersatzteil
filtro	Filter
marcha	Gang
acelerador *(m)*	Gaspedal
transmisión *(f)*	Getriebe
cable *(m)*	Kabel
correa	Keilriemen
radiador *(m)*	Kühler
embrague *(m)*	Kupplung
luces	Lampe
volante *(m)*	Lenkrad
dinamo *(f)*	Lichtmaschine
filtro de aire	Luftfilter
gasolina	Normalbenzin
aceite	Öl
bomba (de gasolina)	(Benzin-)Pumpe
rueda	Rad
neumático	Reifen
cambio de marchas	Schaltung
manguera	Schlauch
destornillador *(m)*	Schraubenzieher
fusible *(m)*	Sicherung

amortiguador *(m)*	Stoßdämpfer
válvula	Ventil
carburador *(m)*	Vergaser
agua	Wasser
bujía	Zündkerze

Panne

Por favor, llame a la policía.
für Gefallen rufen(-Sie) zu die Polizei
Rufen Sie bitte die Polizei.

Tuve un accidente. **¿Puede ayudarme ... ?**
(ich-)hatte ein Unfall *(er-/sie-)kann helfen-mir*
Ich hatte einen Unfall. Können Sie mir helfen?

¿Puede remolcarme?
(er-/sie-)kann abschleppen-mich
Können Sie mich abschleppen?

Pienso que el/la ... no funciona bien.
(ich-)glaube dass der/die ... nicht funktioniert gut
Ich glaube, der/die ... funktioniert nicht richtig.

¿Puede arreglar el/la ... ?
(er-/sie-)kann reparieren der/die
Können Sie den/die ... reparieren?

¿Cuánto me va a costar?
wieviel mir (er-/sie-)geht zu kosten
Wieviel wird das kosten?

Übrigens, verwechseln Sie nicht die beiden ähnlich klingenden Wörter **gasóleo** *(Diesel) und* **gasolina** *(Benzin)!*

Da in vielen Städten und Dörfern die Straßen sehr schmal sind, hat man das Parkverbot auf eine Straßenseite beschränkt. Meist stehen unter dem „Halteverbotzeichen" Zahlen, die sich auf das Datum beziehen: 1–15 heißt „in der ersten Monatshälfte darf auf dieser Straßenseite nicht geparkt werden" und auf der anderen Straßenseite steht entsprechend 16–31.

¿Sabe usted dónde hay un puesto de gasolina?
wissen Sie wo (man-)hat ein Stelle von Benzin
Wissen Sie, wo es hier eine Tankstelle gibt?

¿Hay un taller de reparaciones por aquí cerca?
(man-)hat ein Werkstatt von Rep. für hier nah
Gibt es hier in der Nähe eine Reparaturwerkstatt?

Verkehrsschilder

Die eigentlichen Verkehrsschilder sind die gleichen wie bei uns in Deutschland. Zusätzlich kann aber auch eines der nebenstehenden Schilder angebracht worden sein.

ADUANA	Zoll
AL PASO	Schritt fahren
AUTOPISTA	Autobahn
CALZADA DETERIORADA	Fahrbahnschäden
CALZADA ESTRECHA	verengte Fahrbahn
CALZADA RESBALADITA	Schleudergefahr
CEDA EL PASO	Vorfahrt gewähren
CURVA PELIGROSA	gefährliche Kurve
DESPACIO	langsam
DESVIACIÓN	Umleitung
DIRECCIÓN OBLIGATORIA	Einbahnstraße
ESCUELA	Schule
ESTACIONAMIENTO PROHIBIDO	Parkverbot
OBRAS	Baustelle
PARE oder **ALTO**	Anhalten
PASO A NIVEL	Bahnübergang
PEAJE	Autobahngebühr
PROHIBIDO EL PASO	Einfahrt verboten
PROHIBIDO ADELANTAR	Überholverbot
SALIDA DE FÁBRICA	Fabrikausfahrt

Kommunikation unterwegs

Internet-Cafes gibt es natürlich auch in Spanien inzwischen fast überall.

¿Cual es tu dirección de correo electrónico?
welche ist deine Adresse von Post elektronisch?
Wie ist deine Email-Adresse?

¿Cúanto pago para una hora en Internet?
wie viel ich-zahle für eine Stunde von Internet?
Was zahle ich für eine Stunde Internet?

¿Puedo imprimir paginás?
ich-kann drucken Seiten?
Kann ich Seiten ausdrucken?

Handy

Handys sind so verbreitet wie bei uns. Man sollte sich bereits vor der Abfahrt nach Roomingmöglichkeiten erkundigen.

Auch der Kauf einer Karte in Spanien zum dortigen Gebrach kann sich günstig auf die Kosten auswirken.

móvil *beweglich*	Mobiltelefon, Handy
(teléfono) celular *(Telefon) zellulär*	Mobiltelefon, Handy
tarjeta de recarga	Karte zum Aufladen

¿Tienes un celular?
du-hast ein zellulär?
Hast du ein Handy?

¿Cuál es tu número?
welches ist deine Nummer?
Welche Nummer hast du?

¿Quisiera comprar un telefóno celular prepago.
möchte kaufen ein Telefon zellulär prepaid?
Ich möchte mir ein Prepaid-Handy kaufen.

¿Dónde puedo comprar una tarjeta prepaga para una nueva línea?
wo ich-kann kaufen eine Karte prepaid für eine neue Linie?
Wo kann ich eine Prepaid-Karte mit einer neuen Telefonnummer kaufen?

¿Dónde y cómo puedo recargar mi saldo?
wo unsd wie kann ich wiederaufladen mein Konto?
Wo und wie kann ich mein Konto wieder aufladen?

Krank sein

Es empfiehlt sich natürlich nicht, im Urlaub krank zu werden. Sollte es doch passieren, dann fragt man:

¿Dónde hay ... ?
Wo gibt's ... ?

... una farmacia?	... eine Apotheke?
... un médico?	... einen Arzt?
... un hospital?	... ein Krankenhaus?

Me ha picado ...
Mich hat ... gestochen.

Me ha mordido ...
Mich hat ... gebissen.

... una abeja.	... eine Biene
... una avispa.	... eine Wespe
... una medusa.	... eine Qualle
... un mosquito.	... eine Mücke
... un perro.	... ein Hund
... una serpiente.	... eine Schlange

Necesito algo contra ...
Ich brauche etwas gegen ...

... los dolores.	Schmerzen
... los dolores de cabeza.	Kopfschmerzen
... las náuseas.	Übelkeit
... la tos.	Husten
... la fiebre.	Fieber
... quemaduras del sol.	Sonnenbrand
... picaduras.	Insektenstiche

Me duele aquí.
mich (er-)schmerzt hier
Hier tut es weh.

Me duelen los ojos.
mir (sie-)schmerzen die Augen
Meine Augen schmerzen.

Me siento mareado.
mich (ich-)fühle schwindelig
Mir ist schwindelig.

Tengo dolores de estómago/cabeza/espalda.
(ich-)habe Schmerzen von Magen/Kopf/Rücken
Ich habe Magen-, Kopf-, Rückenschmerzen.

Me corté el dedo.
mich (ich-)schnitt der Finger
Ich habe mir in den Finger geschnitten.

Me quemé aquí.
mich (ich-)brannte hier
Ich habe mich hier verbrannt.

Me caí.
mich (ich-)fiel
Ich bin hingefallen.

Me resbalé.
mich (ich-)ausglitt
Ich bin ausgerutscht.

Necesito un recibo y un diagnóstico detallado para mi seguro.
(ich-)brauche ein Quittung und ein Diagnose detailliert für mein Versicherung
Ich brauche eine Quittung und einen Diagnosebericht für meine Versicherung.

Zahnarzt

Tengo dolor de muelas.
(ich-)habe Schmerz von Backenzähne
Ich habe Zahnschmerzen.

Por favor, no me lo saque.
für Gefallen nicht mir ihn ziehen(-Sie)
Bitte den Zahn nicht ziehen.

Por favor, déme una inyección.
für Gefallen geben(-Sie)-mir eine Spritze
Geben Sie mir bitte eine Spritze.

No quiero una inyección.
nicht (ich-)will eine Spritze
Ich möchte keine Spritze.

farmacia	Apotheke
oculista *(m)*	Augenarzt
cirujano	Chirurg
ginecólogo	Frauenarzt
dermatólogo	Hautarzt
otorrinolaringólogo	HNO-Arzt
internista *(m)*	Internist
hospital *(m)*	Krankenhaus
receta	Rezept
comprimido	Tablette
gotas *(Mz)*	Tropfen
accidente *(m)*	Unfall
dentista *(m)*	Zahnarzt
supositorio	Zäpfchen

Lateinamerikanisches Spanisch

Die Anrede ist sehr verschieden:

el voseo

In Lateinamerika wird das normale „ihr“ nicht gebraucht. Stattdessen benutzt man **ustedes** (Sie, Mz). Statt **tú** sagt man in den lateinamerikanischen Ländern oft **vos.** Dieser Umstand wird auch **voseo** genannt.

Und schließlich gibt es auch im Wortschatz viele Unterschiede, besonders bei Ausdrücken des täglichen Lebens. Wer nach Lateinamerika fährt, dem empfehle ich Band 5 der Reihe Kauderwelsch: „Spanisch für Lateinamerika“. Er geht auf die konkrete Situation des Reisens und Sprechens in der Neuen Welt ein und ist dort entschieden brauchbarer. Außerdem gibt es zu den meisten lateinamerikanischen Staaten einen eigenen Kauderwelsch-Band.

	Spanien	Lateinamerika
du singst	**tú cantas**	**vos cantás**
ihr singt	**vosotros cantáis**	**ustedes cantan**

el seseo

Auch in der Aussprache gibt es Unterschiede.

z und **c** (bei **ce, ei**):
(E) oft wie englisches **th**
(LA) immer wie deutsches **ß**
ll und **y** vor Vokal:
(E) wie **j** in „Junge“
(LA) wie **sch** in „Dschungel
s und **z** am Wortende:
(LA) nur flüchtig gehaucht
feliz (glücklich) **felih**
estoy (ich bin) **ehtoi**

Baskisch (Mini-Sprachführer)

Da Baskisch mit den anderen drei spanischen Sprachen nicht verwandt ist und auch keine Ähnlichkeit aufweist, halte ich es für angebracht, wenigstens einige Grundbegriffe vorzustellen.

Grüßen

Egun on	Guten Morgen.
Arratsalde on	Guten Tag.
Gau on	Guten Abend/Nacht.

¿Nola zabiltza?	Wie geht es Ihnen?
Ederki, eskerrik asko.	Sehr gut, danke.

Ikusi arte	Auf Wiedersehen
Laster arte	Bis bald
Bihar arte	Bis morgen

Höflichkeiten

... dut izena	Ich heiße ...
Urte askotarako	Angenehm.

Eskerrik asko	Danke
Milesker	Vielen Dank
Mesedez	Bitte
¡Osasuna izan!	Prost!
Barka	Entschuldigung.

Rufe

¡Aizu!	Kellner!
¡Emaidazu!	Geben Sie mir!
¡Etor zaite hona!	Kommen Sie her!
¡Hel, hel ni!	Hilfe!
¡Ixilik!	Ruhe!
¡Kontua!	Die Rechnung!
¡Ongi!	Gut!

Schilder

Alokagai dago	Zu vermieten
Andreak	Damen
Bultz egin	Drücken
Ez dago hartuta	Frei
Ezin pasa	Kein Zutritt
Harturik dago	Besetzt
Hertsirik, itxirik	Geschlossen
Igangailu	Aufzug
Irteera	Ausgang
Jaunak	Herren
Konketak	Toiletten
Kontuz	Achtung
Salgai dago	Zu verkaufen
Sarrera	Eingang
Tira egin	Ziehen
Zabalik	Geöffnet

Fragen

¿Espaniolez hitz egiten duzu?	Sprechen Sie Spanisch?
¿Ulertzen duzu?	Verstehen Sie?
¿Zer nahi duzu?	Was wollen Sie?
... ba al duzue?	Haben Sie ...?

Bejahung und Verneinung

Bai.	Ja.
Behar bada.	Vielleicht.
Bai, ongi.	Einverstanden.
Ez.	Nein.
Damu dut.	Tut mir leid.
Ez dut ulertzen.	Ich verstehe nicht.

Zahlen

1	**Bat**
2	**Bi**
3	**Hiru**
4	**Lau**
5	**Bost**
6	**Sei**
7	**Zazpi**
8	**Zortzi**
9	**Bederatzi**
10	**Hamar**

© Archiv Turespaña

Escultura R. Lichtenstein, Barcelona

Dieses Vokabular ist kein vollständiges Wörterbuch, sondern ein Grundwortschatz mit den 1000 wichtigsten und häufigsten spanischen Wörtern. Wenn Sie diese alle oder zum größten Teil können, wird Sie keiner mehr für einen Anfänger halten. Hauptwörter auf **-o** *sind männlich (m), auf* **-a** *weiblich (f), auf* **-(e)s** *in der Mehrzahl (pl). In Zweifelsfällen ist immer „m“, „f“ oder „pl“ angegeben.*

A

Abendbrot cena
aber pero
abholen recoger
Absicht intención, *f*
Abteil departamento
Achtung cuidado
Adresse señas
ähnlich parecido
alle todos
Allee avenida
alles zusammen en total
allgemein general
also pues
alt viejo; antiguo
Ampel semáforo
Ananas piña
Andenken recuerdo
andere otro
anders de otra manera
anfangen empezar
angenehm agradable
Angestellter empleado
anhalten parar
ankommen llegar
anpassen probarse
anschalten encender
anschauen mirar
antworten contestar
anziehen ponerse
Anzug traje, *m*
Apfel manzana
Apotheke farmacia
arbeiten trabajar
Arbeiter obrero
Arbeit trabajo
arm pobre
Art especie, *f*
Arzt médico
Aschenbecher cenicero
auch también
auch nicht tampoco
auf sobre
auf diese Weise de esta manera
aufhören dejar de; terminar
aufräumen arreglar
aufschreiben apuntar
aufstehen levantarse
aufwachen despertarse
Aufzug ascensor, *m*
Auge ojo
Ausflug excursión, *f*
ausführen exportar
Ausgang salida; éxito
ausgeben gastar
ausgezeichnet excelente
ausländisch extranjero
ausschalten apagar
Aussehen aspecto
außen fuera

außerdem además
aussteigen bajar
ausziehen quitarse
Auto coche, m
Autobahn autopista

B

Bademantel albornoz, *m*
baden bañarse
Badezimmer baño
Bäckerei panadería
Bahnhof estación, *f*
Bahnsteig andén, *m*
bald pronto
Ball pelota
Banane plátano
Bank banco
Baum árbol, *m*
bedauern sentir
Bedingung condición, *f*
begrüßen saludar
bekannt conocido
bekommen recibir
belästigen molestar
belegtes Brot bocadillo
bemerken darse cuenta
Benzin gasolina
bequem cómodo
Berg montaña
berühmt famoso
berühren tocar
besonders especial
besser mejor
Besteck cubierto
besuchen visitar
betrunken borracho
Bett cama
Bettlaken sábana
bevor antes de
Bewohner habitante, *m*
bezahlen pagar
Bier cerveza
Bild cuadro
Bild dibujo
billig barato
Birne pera
bis hasta
bitte por favor
bitten pedir
Blatt hoja
blau azul
bleiben quedarse
Bleistift lápiz
blond rubio
Blume flor, *f*
Boden suelo
böse werden enfadarse
Bohne judía
Botschaft consulado
Bratpfanne sartén, *f*
brauchen necesitar
braun marrón
breit ancho
Brief carta
Briefmarke sello
Brille gafas
bringen traer
Brot pan, *m*
Bruder hermano
Brücke puente, *m*
Buch libro
Büro oficina; despacho
Bürste cepillo
Burg castillo
Bus autobús, *m*
Butter mantequilla

C & D

Café bar, *m*
Chef jefe, *m*; patrón, *m*
da ahí
Dame señora
damit para que
danke gracias
dann entonces; pues
das da eso; aquello
dasselbe lo mismo
das was lo que
das Wichtigste lo más importante
dass que
dauern tardar
Dauerwelle permanente, *f*
Decke manta

dein tu
den ganzen Tag todo el día
deutlich distinto
deutsch alemán
Dezember diciembre, *m*
dich te
dick gordo
Dienstag martes, *m*
dies esto
dir te
Donnerstag jueves, *m*
doppelt doble
Dorf pueblo
dort allí
Dose lata
drinnen dentro
dunkelbraun moreno
Durst sed, *f*
Dusche ducha
du tú

E

echt auténtico
Ehemann marido
Eigentümer dueño
Ei huevo
Eile prisa
Eimer bote, *m*
Eindruck impresión, *f*
einfach sencillo
einführen importar
Eingang entrada
einige unos
einladen invitar
einsteigen subir
Eintritt entrada
Eintrittskarte billete, *m*
einverstanden de acuerdo; vale
einziger único
Eis helado
Eltern padres
empfehlen recomendar
endlich por fin; en fin
eng estrecho
englisch inglés
Entschuldigung perdón
enttäuscht desilusionado
entzückt encantado
er él
Erbse guisante, *m*
Erdbeere fresa
Erfahrung experiencia
Erfolg éxito
Erfrischung refresco
erklären explicar
erlauben permitir
erster primero
erzählen contar
es gibt hay
essen comer
es stellt sich heraus resulta que
Etage piso
etwas algo
etwas tun werden ir a …
euch os
euer vuestro
europäisch europeo

F

fahren conducir
Fahrkarte billete, m
fallen caer
Familienname apellido
Farbe color, m
Februar febrero
fehlen faltar
fein fino
Feld campo
Fenster ventana
Ferien vacaciones
Fernsehen televisón, *f*
Fett grasa
feucht húmedo
Feuer fuego
Fieber fiebre, *f*
Film película
finden encontrar
Finger dedo
Fisch pescado
Fischgeschäft pescadería
Flasche botella

Fleisch carne, *f*
Flughafen aeropuerto
Flugzeug avión, m
Fluss río
folgend siguiente
folgen seguir
Foto foto, *f*
Fräulein señorita
fragen preguntar
Frau mujer, *f*
frei libre
Freitag viernes, *m*
fremd extranjero
Freude alegría
Freund amigo
Freundin amiga
Friseur *(Laden)* peluquería
Frühling primavera
Frühstück desayuno
frühstücken desayunar
früh temprano
fühlen sentirse
Führerschein carnet de conducir, *m*
für para
funktionieren funcionar
Fußball fútbol, *m*
Fuß pie, *m*

G

Gabel tenedor, *m*
ganz todo; entero
Garage garaje, *m*
Garten jardín, *m*
Gast huésped, *m*
gebacken frito
Gebäude edificio
geben dar
geboren werden nacer
gebraten asado
Geburtstag cumpleaños, *m*
gefährlich peligroso
Gefallen favor
gefallen gustar
Gegend región, *f*
gegenüber (von) enfrente (de)
Geheimnis secreto
gehen ir
gelb amarillo
Geld dinero
Geldautomat cajero automático
Gelegenheit oportunidad, f
Gemüse verdura
genügend suficiente
genug bastante
Gepäckaufbewahrung consigna
gerade getan haben acabar de
Geschäft tienda
Geschenk regalo
Geschirr platos
Geschmack gusto
Gesicht cara
gestern ayer
gestern Abend anoche
gesund sano
Gesundheit salud, *f*
Gewerkschaft sindicato
Gewicht peso
gewinnen ganar
Gitarre guitarra
Glas copa; vaso; *(Material)* vidrio
glauben creer
gleich igual
Glück suerte, *f*
glücklich feliz
Glückwunsch felicidades
Gott Dios
Gramm gramo
gratulieren felicitar
grau gris
grausam cruel
groß grande
Größe tamaño
grün verde
Grund razón

Gruppe grupo
Gruß recuerdo
Gürtel cinturón, *m*
gut bueno; *(Adv.)* bien

H

Haar pelo
haben tener
Hähnchen pollo
Hälfte mitad, *f*
hässlich feo
Hafen puerto
halb medio
hallo hola
Haltestelle parada
handeln von tratar de
Hand mano, *f*
Handtuch toalla
hart duro
Hauptgewinn gordo
Hauptstadt capital, *f*
Haus casa
Haut piel, *f*
heiß caliente
heißen llamarse
Heizung calefacción, *f*
helfen ayudar
Hemd camisa
herausnehmen sacar
Herbst otoño
herein adelante
Herr señor, *m*; caballero
Herz corazón, *f*
herzlich afectuoso
heute hoy
hier aquí
Hinfahrt ida
hinter detrás de
Hitze calor, *m*
hoch alto
Hochzeit boda
höflich cortés
hoffentlich ojalá
hören oir
Holz madera
Honig miel, *f*
Hose pantalón, *m*
hübsch bonito; guapo
Hund perro
Hunger hambre, *f* (el)
Hut sombrero

I

ich yo
ihr *(besitzanz.)* su
ihr vosotros
immer siempre
in en
inbegriffen incluido
innerhalb dentro
Insel isla
Interview entrevista
irgendein algún

J

Jacke chaqueta
Jahr año
Januar enero
ja sí
jeder cada
jemand alguien
jener aquel
jetzt ahora
jung joven
Junge chico

K

kämpfen luchar
Käse queso
Kaffee café, *m*
kalt frío
Kamm peine, *m*
kaputt roto; estropeado
Kartoffel patata
Katze gato
kaufen comprar
kaum apenas
keine Ursache de nada
keiner ninguno
Kellner camarero; mozo
kennen conocer
Kerze vela

Kind niño; niña
Kino cine, *m*
Kirche iglesia
Kiste caja
klar claro
Kleidung ropa
Kleid vestido
klein pequeño
Kneipe taberna
Knie rodilla
König rey, *m*
können poder
Koffer maleta
kommen venir; llegar
Konsulat consulado
Kopf cabeza
kosten costar
Kotlett chuleta
krank enfermo; malo
Krankenhaus hospital, *m*
Kuchen pastel, *m*
Küche cocina
Kühlschrank frigorífico; nevera
Kugelschreiber bolígrafo
Kuh vaca
Kuss beso
Küste costa

L

lachen reir
Laden tienda
Lärm ruido
Lampe lámpara
Land país, m
Landschaft paisaje
Landstraße carretera
Landwirtschaft agricultura
lang largo
langsam despacio; lento
langweilig aburrido
lassen dejar
laut alto
Lebensmittel comestibles
Leben vida
leben vivir
Leder piel, *f*
leer vacío
legen poner
Lehrgang curso
leicht fácil; *(Gewicht)* ligero
leider desgraciadamente
lernen aprender; estudiar
lesen leer
letzter último
Leute gente, *f*
Licht luz, *f*
lieben querer
liebenswürdig amable
lieb querido
Lied canción, *f*
links a la izquierda
Lippenstift barra de labios
Liter litro
Löffel cuchara
Lösung solución, *f*
Luft aire, *m*
Lust ganas

M

machen hacer
Mädchen chica
Mahlzeit comida
malen pintar
mal sehen a ver
Mal vez, *f*
manchmal a veces
man muss hay que
Mantel abrigo
Markt mercado
Marmelade mermelada
Maschine máquina
Meer mar, *f* oder *m*
Mehl harina
mehr más
mehr als más que

mein mi
Meinung opinión, *f*
Mensch hombre, *m*
Menü menú, *m*
Messer cuchillo
Metzgerladen carnicería
mich me
mieten alquilar
Migräne jaqueca
Milch leche, *f*
mindestens por lo menos
mir me
mit con
mit dir/mir contigo/conmigo
mitbringen llevar
mitnehmen llevarse
Mittagsschlaf siesta
Mittwoch miércoles, *m*
Möbel muebles
möglich posible
Monat mes, *m*
morgen mañana
Motorrad moto, *f*
müde cansado
Mühe pena
müssen tener que; deber
Museum museo
Mutter madre, *f*

N

nach a
nachdem/nachher después
Nachmittag tarde, *f*
Nachricht noticia
Nachtisch postre, *m*
Nacht noche, *f*
nächste próximo
Nagel clavo
nahe cerca
Name nombre, *m*
neben junto a; al lado de
nehmen tomar; coger
nein no
neu nuevo
nicht no
nicht mehr ya no
nichts nada
niedrig bajo
niemand nadie
nie nunca
noch todavía
nochmal otra vez
Norden norte, m
notwendig necesario
nur sólo; solamente

O

ob si
oben arriba
Obst fruta
Obstladen frutería
öffnen abrir
Öl aceite
oft a menudo
ohne sin
Ohr oreja
Onkel tío
Ostern Pascuas

P

Paket paquete, *m*
Papier papel, *m*
parken aparcar
Park parque, *m*
Parkplatz aparcamien-to
Partei partido
passieren pasar
Pass pasaporte, *m*
Petersilie perejil, *m*
Pfeffer pimienta
Pfirsich melocotón, *m*
Platte disco
Plattenspieler tocadiscos, *m*
Platz plaza; sitio

plaudern charlar
Polizist guardia (civil)
Post Correos, *m*
Postkarte tarjeta postal, *f*
Preis precio
probieren probar
Prost salud, *f*
Prozent por ciento
Prüfung examen, *m*
Pullover jersey, *m*
Puppe muñeca

Q & R

Quelle fuente, *f*
Radio radio, *f*
rauchen fumar
raufgehen subir
rausgehen salir
Rechnung cuenta
Recht razón
rechts a la derecha
rechtzeitig a tiempo
Regierung gobierno
regnen llover
reichen bastar
reich rico
reingehen entrar
reinigen limpiar
reinstecken meter
Reis arroz, *m*
Reise viaje, *m*
reisen viajar
reparieren reparar; arreglar
Restaurant restaurante, *m*
Rezept receta
Richtung dirección, *f*
Rock falda
Rollfilm carrete, *m*
rot rojo
Rückfahrt vuelta
rufen llamar
ruhig tranquilo
rund redondo

S

Sache cosa
Saft zumo
sagen decir
Sahne crema
Salat ensalada
Salz sal, *f*
Samstag sábado
sauber limpio
schade lástima
Schaden daño
scharf picante
Schatten sombra
Scheck cheque, *m*
Scheibe rodaja
scheinen parecer
Scheinwerfer faro
Scheiße mierda
schicken mandar
schießen tirar
Schiff barco
Schinken jamón, *m*
schlafen dormir
schlafen gehen irse a la cama
Schlafzimmer dormitorio
Schlag golpe, *m*
schlecht/schlechter mal/peor
schließen cerrar
Schloss castillo
Schlüssel llave, *f*
schmal estrecho
schmecken gustar
Schmerz dolor, *m*
schmutzig sucio
Schnee nieve, *f*
schneien nevar
schnell rápido; *(Adverb)* de prisa
Schnitzel filete, *m*
Schokolade chocolate, m
schon ya
schon gut está bien
Schrank armario

schreiben escribir
schreien gritar
Schublade cajón
Schuh zapato
Schuld culpa
Schule escuela; *(höhere Schule)* colegio
Schüler alumno
Schwanz cola
schwarz negro
schwer grave; *(Gewicht)* pesado
Schwester hermana
schwierig difícil
Schwimmbad piscina
schwimmen nadar
schwindelig mareado
See lago
sehen ver
sehr muy
sehr gerne con mucho gusto
sehr lange mucho tiempo
Seife jabón, *m*
sein ser; estar
sein (besitzanz.) su
seit desde; desde hace
Seite lado
selbe mismo
selbstverständlich desde luego
Sessel sillón, *m*
setzen poner
sich se
sich ausruhen descansar
sich befinden encontrarse
sich befinden estar
sich beschweren protestar
sich etw. brechen romperse
sich entschließen decidirse
sich erinnern acordarse
sich freuen alegrarse
sich irren equivocarse
sich mögen quererse
sich prügeln pelearse
sich rasieren afeitarse
sich setzen sentarse
sich sorgen preocuparse
sich unterhalten divertirse
sich verabreden citarse
sich waschen lavarse
sich zurechtmachen arreglarse
sicher seguro; cierto
sie ella
Sie usted
singen cantar
Situation situación, *f*
Sitzplatz asiento
so así
Socken calcetines
sofort en seguida; ahora mismo
Sohn hijo
Sommer verano
sondern sino
Sonne sol, *m*
Sonnenschirm sombrilla
Sonntag domingo
so tan
soviel tanto
Spanien España
spanisch español
spazierengehen dar un paseo; *(definiert)* caminar
Spaziergang paseo
spielen jugar; *(Instrument)* tocar
Spinne araña
Sport deporte, *m*
sprechen hablar
Stadt ciudad, *f*
stark fuerte
Stecker enchufe, *m*
stehenbleiben pararse
Stein piedra
stellen poner

Stelle puesto
sterben morir
Steuern impuestos
Stewardess azafata
Stierkampf corrida de toros
Strafe pena
Strand playa
Straße calle, *f*
Strauß ramo
Streik huelga
Stroh paja
studieren estudiar
Stück pieza
Stuhl silla
Stunde hora
suchen buscar
Süden sur, *m*
süß dulce
Suppe sopa
sympathisch simpático
System sistema, *m*

T

Tag día, *m*
täglich diario
Tal valle, *m*
Tankstelle estación de servicio, gasolinera
Tante tía
Tanz baile, *m*
tanzen bailar
Tasche bolso
Taschenmesser navaja
Taschentuch pañuelo
Tasse taza
Taube paloma
taub sordo
Teelöffel cucharilla
Tee té, *m*
Teil parte, *f*
Telefon teléfono
Teller plato
Teppich alfombra
teuer caro
Theater teatro
Tier animal, *m*
Tintenfisch calamar, *m*
Tisch mesa
Tischtuch mantel, *m*
Toast tostada
Tochter hija
töten matar
Toilette servicios; lavabo
toll estupendo
Tomate tomate, *m*
tragen llevar
traurig triste
treffen encontrarse
trinkbar potable
trinken beber
Trinkgeld propina
Trinkglas vaso
trocken seco
Tropfen gota
tschüss adiós
Tür puerta
Tüte bolsa
Turm torre, *f*
typisch típico

U

über sobre
überhaupt en absoluto
übermorgen pasado mañana
überzeugt convencido
übrig sein quedar
Ufer orilla
Uhr reloj, *m*
umtauschen cambiar
und y
Unfall accidente, *m*
ungefähr más o menos
unmöglich imposible
uns nos
unser nuestro
unter bajo; debajo de
Unterschied diferencia
unterschreiben firmar

V

Vase florero
Vater padre, *m*

Verabredung cita
verbessern mejorar
verbieten prohibir
verdienen ganar
vergangen pasado
vergeben perdonar
vergessen olvidar
verheiratet casado
verkaufen vender
Verkehr tráfico
verlieren perder
Verlobte novia
Verlobter novio
verrückt loco
verschiedene varios
Verspätung retraso
versprechen prometer
verstehen entender; comprender
Vertrag contrato
viel mucho
vielen Dank muchas gracias
vielleicht quizás
viereckig cuadrado
Viertel cuarto
völlig totalmente
Vogel pájaro
Volk pueblo
voll lleno; completo
von de
vor *(zeitl.)* antes de; *(örtl.)* delante de
vorbereiten preparar
vorher antes
vorstellen presentar
vorwärts adelante
vorziehen preferir

W

während durante
Wagen coche, *m*
Wahrheit verdad, *f*
wahrscheinlich probable
Wald bosque, *m*
Wand pared, *f*
wann cuándo
warten esperar
warum por qué
was qué
Waschbecken lavabo
Wasser agua (el)
Weg camino
weggehen irse; marcharse
wegnehmen quitar
weh tun doler
Weihnachten Navidad, *f*
weil porque
Wein vino
weinen llorar
Weintraube uva
weiß blanco
weit entfernt (von) lejos (de)
weitermachen seguir
welcher cuál
Welt mundo
wenig poco
weniger menos
wenn si
wenn nicht si no
werden ponerse
werfen echar
Werkstatt taller, *m*
wer quién
Westen oeste, *m*
wichtig importante
wichtig sein importar
wie como
wiederholen repetir
wieder tun volver a hacer
wieviel cuánto
wieviele cuántos
Wind viento
Winter invierno
wir nosotros
wissen saber
wo dónde
Woche semana
wohin adónde
Wohnung piso
Wohnwagen rulota
Wohnzimmer cuarto de estar; sala de estar

Wolke nube, *f*
Wolle lana
wollen querer
Wort palabra
wünschen desear

Z

zählen contar
zärtlich cariñoso; tierno
Zahl número
Zahn diente, *m*
Zahnarzt dentista, *m*
Zeh dedo
zeigen enseñar
Zeit tiempo
Zeitschrift revista
Zeitung periódico
Zelt tienda de campana
Zentrum centro
zerstreut distraído
Zettel ficha
Zeuge testigo
Ziel destino
ziemlich bastante
Zigarette cigarillo
Zimmer cuarto; habitación, *f*
Zimt canela
Zitrone limón, *m*
Zoll aduana
zu a; hacia
zu Abend essen cenar
zu Fuß gehen andar
zu Hause en casa
Zucker azúcar, *m*
zufrieden contento
Zug tren, *m*
zum Beispiel por ejemplo
zurückkommen volver
zusammen juntos
zusammenstoßen chocar con
zu *(sehr/viel)* demasiado
Zweifel duda
zwei Wochen quince días
Zwiebel cebolla
zwischen entre

La Oliva, Fuerteventura

Wörterliste Spanisch – Deutsch

A

a zu; nach
abrigo Mantel
abrir öffnen
aburrido langweilig
acabar de gerade getan haben
accidente, *m* Unfall
aceite Öl
acordarse sich erinnern
adelante vorwärts; herein
además außerdem
adiós tschüss
adónde wohin
aduana Zoll
aeropuerto Flughafen
afectuoso herzlich
afeitarse sich rasieren
agradable angenehm
agricultura Landwirtschaft
agua (el) Wasser
ahí da
ahora jetzt
ahora mismo sofort
a la derecha rechts
a la izquierda links
aire, *m* Luft
albornoz, *m* Bademantel
alegrarse sich freuen
alegría Freude
alemán deutsch
alfombra Teppich
algo etwas
alguien jemand
algún irgendein
al lado de neben
alquilar mieten
alto hoch; laut
allí dort
amable liebenswürdig
amarillo gelb
amigo Freund
amiga Freundin
ancho breit
andar zu Fuß gehen
andén, *m* Bahnsteig
animal, *m* Tier
anoche gestern abend
antes vorher
antes de vor; bevor
antiguo alt
año Jahr
apagar ausschalten
aparcamiento Parkplatz
aparcar parken
apellido Familienname
apenas kaum
aprender lernen
apuntar aufschreiben
aquel jener
aquello das da
aquí hier
araña Spinne
árbol, *m* Baum
armario Schrank
arreglar aufräumen; reparieren
arreglarse sich zurechtmachen
arriba oben
arroz, *m* Reis
asado gebraten
ascensor, *m* Aufzug
así so
asiento Sitzplatz
aspecto Aussehen
a tiempo rechtzeitig
auténtico echt
autobús, *m* Bus
autopista Autobahn
avenida Allee
a veces manchmal
a ver mal sehen
avión, *m* Flugzeug
ayer gestern
ayudar helfen
azafata Stewardess
azúcar, *m* Zucker
azul blau

B

bailar tanzen
baile, *m* Tanz
bajar aussteigen
bajo niedrig; unter
banco Bank
bañarse baden
baño Badezimmer
bar, *m* Imbiss-Stube; Café
barato billig
barco Schiff
barra de labios Lippenstift
bastante ziemlich; genug
bastar reichen
beber trinken
beso Kuss
bien gut
billete, *m* Fahrkarte; Eintrittskarte
blanco weiß
bocadillo belegtes Brot
boda Hochzeit
bolígrafo Kugelschreiber
bolsa Tüte
bolso Tasche
bonito hübsch
borracho betrunken
bosque, *m* Wald
bote, *m* Eimer
botella Flasche
bueno gut
buscar suchen

C

caballero Herr
cabeza Kopf
cacharro Geschirr
cada jeder
caer fallen
café, *m* Kaffee
caja Kiste
cajero automático Geldautomat
cajón Schublade
calamar, *m* Tintenfisch
calcetines Socken
calefacción, *f* Heizung
caliente heiß
calor, *m* Hitze
calle, *f* Straße
cama Bett
camarero Kellner
cambiar umtauschen
caminar spazierengehen
camino Weg
camisa Hemd
campo Feld
canela Zimt
canción, *f* Lied
cansado müde
cantar singen
capital, *f* Hauptstadt
cara Gesicht
carne, *f* Fleisch
carnicería Metzgerladen
carnet de conducir, *m* Führerschein
caro teuer
carrete, *m* Film *(Foto)*
carretera Landstraße
carta Brief
casa Haus
casado verheiratet
castillo Burg; Schloss
cebolla Zwiebel
cena Abendbrot
cenar zu Abend essen
cenicero Aschenbecher
centro Zentrum
cepillo Bürste
cerca nahe
cerrar schließen
cerveza Bier
cierto sicher
cigarillo Zigarette
cine, *m* Kino
cinturón, *m* Gürtel
cita Verabredung
citarse sich verabreden
ciudad, *f* Stadt
claro klar

clavo Nagel
cocina Küche
coche, *m* Wagen; Auto
coger nehmen
colegio Schule
cola Schwanz
color, *m* Farbe
comer essen
comestibles Lebensmittel
comida Mahlzeit
como wie
cómodo bequem
completo voll
comprar kaufen
comprender verstehen
con mit
con mucho gusto sehr gerne
condición, *f* Bedingung
conducir fahren
conmigo mit mir
conocer kennen
conocido bekannt
consigna Gepäckaufbewahrung
consulado Konsulat
contar zählen; erzählen
contento zufrieden
contestar antworten
contigo mit dir
contrato Vertrag
convencido überzeugt
coña Scheiße
copa Trinkglas; Drink
corazón, *f* Herz
Correos, *m* Post
corrida de toros Stierkampf
corto kurz
cosa Sache
costa Küste
costar kosten
creer glauben
crema Sahne
cristal, *m* Glas
cruel grausam
cuadrado viereckig
cuadro Bild
cuál welcher
cualquiera irgendein
cuándo wann
cuánto(s) wieviel(e)
cuarto Zimmer; Viertel
cuarto de estar Wohnzimmer
cubierto Besteck
cuchara Löffel
cucharilla Teelöffel
cuchillo Messer
cuenta Rechnung
cuidado Achtung
culpa Schuld
cumpleaños, *m* Geburtstag
curso Lehrgang

CH

chaqueta Jacke
charlar plaudern
cheque, *m* Check
chica Mädchen
chico Junge
chocar con zusammenstoßen
chocolate, *m* Schokolade
chuleta Kotlett

D

daño Schaden
dar geben
darse cuenta bemerken
dar un paseo spazierengehen
de von
de acuerdo einverstanden
debajo de unter
deber müssen
decidirse sich entschließen
decir sagen
dedo Finger; Zeh
de esta manera auf diese Weise
dejar lassen

dejar de aufhören
delante de vor
demasiado zu *(sehr/viel)*
de nada keine Ursache
dentista, *m* Zahnarzt
dentro drinnen; innerhalb
de otra manera anders
departamento Abteil
deporte, *m* Sport
de prisa schnell
derecha rechts
desayunar frühstücken
desayuno Frühstück
descansar sich ausruhen
desde seit
desde hace seit
desde luego selbstverständlich
desear wünschen
desgraciadamente leider
desilusionado enttäuscht
despacho Büro
despertarse aufwachen
despacio langsam
después nachher
después de nach; nachdem
destino Ziel
detrás de hinter
día, *m* Tag
diario täglich
dibujo Bild
diciembre, *m* Dezember
diente, m Zahn
diferencia Unterschied
difícil schwierig
dinero Geld
Dios Gott
dirección, *f* Richtung
disco Platte
distinto deutlich
distraído zerstreut
divertirse sich unterhalten
doble doppelt
doler weh tun; schmerzen
dolor, *m* Schmerz
domingo Sonntag
dónde wo
dormir schlafen
dormitorio Schlafzimmer
ducha Dusche
duda Zweifel
dueño Eigentümer
dulce süß
durante während
duro hart

E

echar werfen
edificio Gebäude
él er
ella sie
empezar anfangen
empleado Angestellter
en in
en absoluto überhaupt
encantado entzückt
en casa zu Hause
encender anschalten
encontrar finden
encontrarse treffen; sich befinden
enchufe, *m* Stecker
enero Januar
enfadarse böse werden
enfermo krank
en fin endlich
enfrente gegenüber
enfrente de gegenüber von
ensalada Salat
en seguida sofort
enseñar zeigen
entender verstehen
entero ganz
entonces dann
en total alles zusammen
entrada Eingang; Eintritt

entrar reingehen
entre zwischen
entrevista Interview
equivocarse sich irren
escribir schreiben
escuela Schule
ese, *m* der da
esa, *f* die da
eso das da
España Spanien
español spanisch
especial besonders
especie, *f* Art
esperar warten
está bien schon gut
estación, *f* Bahnhof
estación de servicio Tankstelle
estar sein; sich befinden
este, *m* dieser
esta, *f* diese
esto dies
estrecho eng; schmal
estropeado kaputt
estudiar lernen, studieren
estupendo toll
europeo europäisch
examen, *m* Prüfung
excelente ausgezeichnet
excursión, *f* Ausflug
éxito Erfolg; Ausgang
experiencia Erfahrung
explicar erklären
exportar ausführen
extranjero ausländisch; fremd

F

fácil leicht
falda Rock
faltar fehlen
famoso berühmt
farmacia Apotheke
faro Scheinwerfer
favor Gefallen
febrero Februar
felicidades Glückwunsch
felicitar gratulieren
feliz glücklich
feo hässlich
ficha Zettel
fiebre, *f* Fieber
filete, *m* Schnitzel
fino fein; höflich
firmar unterschreiben
flor, *f* Blume
foto, *f* Foto
fresa Erdbeere
frigorífico Kühlschrank
frío kalt
frito gebacken
fruta Obst
fuego Feuer
fuente, *f* Quelle
fuera außen
fuerte stark
fumar rauchen
funcionar funktionieren
fútbol, *m* Fußball

G

gafas Brille
ganar gewinnen; verdienen
ganas Lust
garaje, *m* Garage
gasolina Benzin
gastar ausgeben
gato Katze
general allgemein
gente, *f* Leute
gobierno Regierung
golpe, *m* Schlag
gordo dick; Hauptgewinn
gota Tropfen
gracias danke
gramo Gramm
grande groß
grasa Fett
grave schwer
gris grau
gritar schreien

grupo Gruppe
guapo hübsch
guardia (civil) Polizist
guisante, *m* Erbse
guitarra Gitarre
gustar gefallen; schmecken
gusto Geschmack

H

haber haben
habitación, *f* Zimmer
habitante, m Bewohner
hablar sprechen
hacer machen
hacía zu *(Richtung)*
hambre, *f* (el) Hunger
harina Mehl
hasta bis
hay es gibt
hay que man muss
helado Eis
hermana Schwester
hermano Bruder
hija Tochter
hijo Sohn
hoja Blatt
hola hallo
hombre, *m* Mensch
hora Stunde
hospital, *m* Krankenhaus
hoy heute
huelga Streik
huésped, *m* Gast
huevo Ei
húmedo feucht

I

ida Hinfahrt
iglesia Kirche
igual gleich
importante wichtig
importar wichtig sein; einführen; importieren
imposible unmöglich
impresión, *f* Eindruck
impuestos Steuern
incluido inbegriffen
inglés englisch
intención, *f* Absicht
invierno Winter
invitar einladen
ir gehen
ir a ... etwas tun werden
irse weggehen
irse a la cama schlafen gehen
isla Insel
izquierda links

J

jabón, *m* Seife
jamón, *m* Schinken
jaqueca Migräne
jardín, *m* Garten
jarrón, *m* Vase
jefe, m Chef
jersey, *m* Pullover
joven jung
judía Bohne
jueves, *m* Donnerstag
jugar spielen
junto a neben
juntos zusammen

L

lado Seite
lago See
lámpara Lampe
lana Wolle
lápiz Bleistift
largo lang
lástima schade
lata Dose
lavabo Waschbecken; Toilette
lavar(se) (sich) waschen
leche, *f* Milch
leer lesen
lejos weit entfernt

lejos de weit entfernt von
lento langsam
levantarse aufstehen
libre frei
libro Buch
ligero leicht
limón, m Zitrone
limpiar reinigen
limpio sauber
litro Liter
loco verrückt
lo más importante das Wichtigste
lo mismo dasselbe
lo que das was
luchar kämpfen
lugar, *m* dann
luz, *f* Licht

LL

llamar rufen
llamarse heißen
llave, *f* Schlüssel
llegar (an)kommen
lleno voll
llevar tragen; mitbringen
llevarse mitnehmen
llorar weinen
llover regnen

M

madera Holz
madre, *f* Mutter
mal schlecht
maleta Koffer
malo krank
mandar schicken
mano, *f* Hand
manta Decke
mantel, *m* Tischtuch
mantequilla Butter
manzana Apfel
mañana morgen
máquina Maschine
mar, *m* Meer
marcharse weggehen
mareado schwindelig
marido Ehemann
marrón braun
martes, *m* Dienstag
más mehr
más o menos ungefähr
más que mehr als
matar töten
me mich; mir
médico Arzt
medio halb
mejor besser
mejorar verbessern
melocotón, *m* Pfirsich
menos weniger
-mente *(Adverb-Endung)*
menú, *m* Menü
a menudo oft
mercado Markt
mermelada Marmelade
mes, *m* Monat
mesa Tisch
meter reinstecken
mi mein
mí mich; mir
miel, *f* Honig
miércoles, *m* Mittwoch
mío mein
mirar anschauen
mismo selbe
mitad, *f* Hälfte
molestar belästigen
montaña Berg
moreno dunkelbraun
morir sterben
moto, *f* Motorrad
mozo Kellner
muchas gracias vielen Dank
mucho viel
mucho tiempo sehr lange
muebles Möbel
mujer, *f* Frau
mundo Welt
muñeca Puppe
museo Museum
muy sehr

N

nada nichts
nadar schwimmen
nadie niemand
navaja Taschenmesser
Navidad, *f* Weihnachten
necesario notwendig
necesitar brauchen
negocio Geschäft
negro schwarz
nevar schneien
nevera Kühlschrank
nieve, *f* Schnee
ninguno keiner
niño Kind, *m*
niña Kind, *f*
no nein; nicht
noche, *f* Nacht
nombre, *m* Name
norte, *m* Norden
nos uns
nosotros wir
noticia Nachricht
novia Verlobte; Freundin
novio Verlobter; Freund
nube, *f* Wolke
nuestro unser
nuevo neu
número Zahl
nunca nie

O

obrero Arbeiter
oeste, *m* Westen
oficina Büro
oir hören
ojo Auge
olvidar vergessen
oportunidad, *f* Gelegenheit
opinión, *f* Meinung
oreja Ohr
orilla Ufer
os euch
otoño Herbst
otra vez nochmal
otro andere

P

padre, *m* Vater
padres Eltern
pagar bezahlen
país, *m* Land
paisaje Landschaft
paja Stroh
pájaro Vogel
palabra Wort
paloma Taube
pan, *m* Brot
panadería Bäckerei
pantalón, *m* Hose
pañuelo Taschentuch
papel, *m* Papier
paquete, *m* Paket
para für
parada Haltestelle
para que damit
parar anhalten
pararse stehenbleiben
parecer scheinen
parecido ähnlich
pared, *f* Wand
parque, *m* Park
parte, *f* Teil
partido Partei
pasado vergangen
pasado mañana übermorgen
pasaporte, *m* Pass
pasar weitergehen; passieren
Pascuas Ostern
paseo Spaziergang
pastel, *m* Kuchen
patata Kartoffel
patrón, *m* Chef
pedazo Stück
pedir bitten
peine, *m* Kamm
pelearse sich prügeln
película Film
peligroso gefährlich
pelo Haar
pelota Ball

peluquería Friseur *(Laden)*
pena Strafe; Mühe
peor schlechter
pequeño klein
pera Birne
perder verlieren
perdón Entschuldigung
perdonar vergeben
perejil, *m* Petersilie
periódico Zeitung
permanente, *m* Dauerwelle
permitir erlauben
pero aber
perro Hund
pesado schwer
pesado langweilig
pescadería Fischgeschäft
pescado Fisch
peso Gewicht
picante scharf
pie, *m* Fuß
piedra Stein
piel, *f* Haut; Leder
pieza Teil
pimienta Pfeffer
pintar malen
piña Ananas
piscina Schwimmbad
piso Wohnung; Etage
plátano Banane
plato Teller
playa Strand
plaza Platz
pobre arm
poco wenig
poder können
pollo Hähnchen
poner setzen; stellen; legen
ponerse werden; anziehen
por durch
por ciento Prozent
por cierto sicher
por ejemplo zum Beispiel
por fin endlich
por favor bitte
por lo menos mindestens
por qué warum
porque weil
posible möglich
postre, *m* Nachtisch
potable trinkbar
precio Preis
preferir vorziehen
preguntar fragen
preocuparse sich sorgen
preparar vorbereiten
presentar vorstellen
primavera Frühling
primero erster
prisa Eile
probable wahrscheinlich
probar probieren
probarse anpassen
prohibir verbieten
prometer versprechen
pronto bald
propina Trinkgeld
protestar sich beschweren
próximo nächste
pueblo Dorf; Volk
puente, *m* Brücke
puerta Tür
puerto Hafen
pues also; dann
puesto Stelle

Q

que dass
qué was
quedar übrigsein
quedarse bleiben
querer wollen; lieben
quererse sich mögen
querido lieb
queso Käse
quién wer
quiénes, *pl* wer
quince días 2 Wochen

quitar wegnehmen
quitarse ausziehen
quizás vielleicht

R

radio, *f* Radio
ramo Strauß
rápido schnell
razón Grund; Vernunft
receta Rezept
recibir bekommen
recoger abholen
recomendar empfehlen
recuerdo Andenken
redondo rund
refresco Erfrischung
regalo Geschenk
región, *f* Gegend
reir lachen
reloj, *m* Uhr
reparar reparieren
repetir wiederholen
restaurante, *m* Restaurant
resulta que es stellt sich heraus
retraso Verspätung
revista Zeitschrift
rey, *m* König
rico reich
río Fluss
rodaja Scheibe
rodilla Knie
rojo rot
romperse brechen
ropa Kleidung
roto kaputt
rubio blond
ruido Lärm
rulota Wohnwagen

S

sábana Bettlaken
sábado Samstag
saber wissen
sacar herausnehmen
sal, *f* Salz
sala de estar Wohnzimmer
salida Ausgang
salir rausgehen
salud, *f* Gesundheit; Prost!
saludar begrüßen
sangría Sangria *(Getränk)*
sano gesund
sartén, *f* Bratpfanne
se sich
seco trocken
secreto Geheimnis
sed, *f* Durst
seguir folgen
seguro sicher
sello Briefmarke
semáforo Ampel
semana Woche
sencillo einfach
sentarse sich setzen
sentir bedauern
sentirse fühlen
señas Adresse
señor, *m* Herr
señora Dame
señorita Fräulein
ser sein
servicios Toilette
si wenn; ob
sí ja
siempre immer
siesta Mittagsruhe; Mittagsschlaf
siguiente folgend
silla Stuhl
sillón, *m* Sessel
simpático sympathisch
sin ohne
sindicato Gewerkschaft
si no wenn nicht
sino sondern
sistema, *m* System
sitio Platz
situación, *f* Situation
sobre auf
sol, *m* Sonne
sólo/solamente nur
solución, *f* Lösung

sombra Schatten
sombrero Hut
sombrilla Sonnenschirm
sopa Suppe
sordo taub
su sein, ihr
suyo sein, ihr
subir raufgehen; einsteigen
sucio schmutzig
suelo Boden
suerte, *f* Glück
suficiente genügend
sur, *m* Süden

T

taberna Kneipe
taller, *m* Werkstatt
también auch
tamaño Größe
tampoco auch nicht
tan so
tanto soviel
tardar dauern
tarde, *f* Nachmittag
tarjeta postal, *f* Postkarte
taza Tasse
té, *m* Tee
te dich
teatro Theater
teléfono Telefon
televisón, *f* Fernsehen
temprano früh
tenedor, *m* Gabel
tener haben
tener que müssen
terminar aufhören
testigo Zeuge
ti dir
tía Tante
tío Onkel
tiempo Zeit
tienda Laden
tienda de campana Zelt
tierno zärtlich
tinto gefärbt
típico typisch
tirar ziehen; schießen
toalla Handtuch
tocadiscos, *m* Plattenspieler
tocar spielen (Instrument); berühren
todavía noch
todo jeder; ganz
todo el día den ganzen Tag
todos alle
tomar nehmen
tomate, *m* Tomate
toros Stierkampf
torre, *f* Turm
tostada Toast
totalmente völlig
trabajar arbeiten
trabajo Arbeit
traer bringen
tráfico Verkehr
traje, *m* Anzug
tranquilo ruhig
tratar de handeln von
tren, *m* Zug
triste traurig
tu dein
tú du
tuyo dein

U

último letzter
único einziger
unos einige
usted Sie
uva Weintraube

V

vaca Kuh
vacaciones Ferien
vacío leer
vale einverstanden
valle, *m* Tal
varios verschiedene
vaso Glas
vela Kerze
vender verkaufen

venir kommen
ventana Fenster
ver sehen
verano Sommer
verdad, ***f*** Wahrheit
verde grün
verdura Gemüse
vestido Kleid
vez, ***f*** Mal
viajar reisen
viaje, ***m*** Reise
vida Leben
viejo alt
viento Wind
viernes, ***m*** Freitag
vino (tinto) (Rot-)Wein
visitar besuchen
vivir leben
volver zurückkommen
volver a hacer wieder tun
vosotros ihr
vuelta Rückfahrt
vuestro euer

Y & Z

y und
ya schon
ya no nicht mehr
yo ich
zapato Schuh
zumo Saft

Der Autor

Dr. med. O'Niel V. Som, geboren 1966 in Essen, lebt heute in Stuttgart und arbeitet als Arzt in einem Krankenhaus. Spanisch lernte er schon als Kind von seinen Eltern und auf unzähligen Urlaubsreisen. Im Abitur war Spanisch neben Mathe der zweite Leistungskurs. Als er dieses Buch schrieb, studierte er Medizin und gab nebenbei Sprachkurse.

„In fast allen herkömmlichen Lehrbüchern ist zu viel Grammatik enthalten, die man in der Umgangssprache nicht benötigt, und die mündliche Konversation kommt viel zu kurz.

Man lernt eine Sprache am besten im Lande und mit Freunden zusammen. Dieses Buch können Sie als Anleitung für die ersten Gespräche benutzen. Sollten Sie Fragen oder Verbesserungsvorschläge haben, schreiben Sie mir bitte an die Verlagsadresse."

Kauderwelsch Sprechführer ... Weltsprache Spanisch

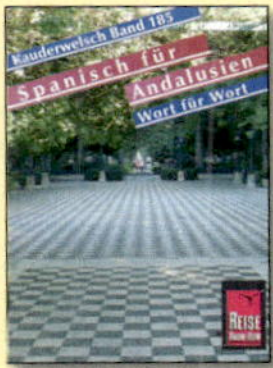

F. G. Outón, R. Müller
für Andalusien
ISBN 978-3-89416-472-0

I.Gawin, D. Schulte
für die Kanaren
ISBN 978-3-89416-465-2

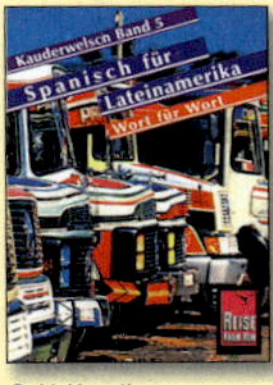

S. V. Kresling
für Lateinamerika
ISBN 978-3-89416-029-6

U. Goridis
Spanglish (USA)
ISBN 978-3-89416-478-2

O'Niel V. Som
für Argentinien
ISBN 978-3-89416-275-7

B. Horstmann, S. García
für Bolivien
ISBN 978-3-89416-366-2

E. Witfeld
für Mexiko
ISBN 978-3-89416-279-5

N. T. Grabowski
Mexiko Slang
ISBN 978-3-89416-377-8

E. Witfeld
für Chile
ISBN 978-3-89416-296-2

H. J. Fründt
für die Dom. Rep.
ISBN 978-3-89416-328-0

A. Hernandez
für Cuba
ISBN 978-3-89416-323-5

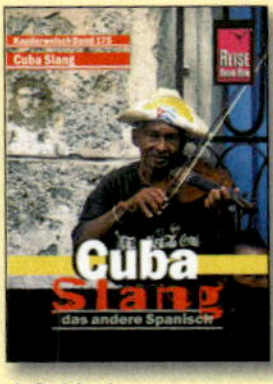

J. Sobisch
Cuba Slang
ISBN 978-3-89416-353-2

Spanisch kulinarisch – Wort für Wort

Einleitung

Essen und Trinken in Spanien

Im Gespräch

Kurz-Grammatik & Anhang

© Archiv Turespaña

Weinberg, Ribera del Duero, Valladolid

Vorwort

So unterschiedlich wie die Geographie und das Klima Spaniens, vom feuchten und grünen Norden über Gebirge und Hochebenen bis hin zu heißen Wüsten und flachen Küstenregionen, ist auch die kulinarische Vielfalt dieses Landes.

Einige der Eigenheiten beeinflussen und verursachen andere, und somit fällt die Beschreibung Spaniens als Einheit sehr schwer und ist eigentlich gar nicht möglich. Deshalb werden wir in diesem Büchlein nicht die unbezwingbare Aufgabe zu lösen versuchen, Spaniens ganze kulinarische Vielfalt und alle regionalen Spezialitäten aufzuzählen, sondern lediglich eine allgemeine Anleitung zum gastronomischen Verständnis geben. Selbst herauszufinden, was in jedem Gericht steckt, ist doch auch viel spannender, als es vorher schon im Detail zu wissen.

Hier bieten wir Ihnen also das Werkzeug Sprache, mit dem Sie nachfragen und bestellen können – dazu das gängigste kulinarische Vokabular.

Nun also viel Spaß mit diesem Büchlein bei Ihrer Abenteuerreise ins kulinarische Spanien!

Muchísimas gracias a Mavi y sobre todo a María, quiénes me ayudaron a realizar nuestro librito desde el principio.

Hinweise zur Benutzung

Der Kauderwelsch Sprechführer „Spanisch kulinarisch" besteht im Wesentlichen aus drei Teilen:

Konversation

Der erste Teil beinhaltet Informationen über Land und Leute sowie Beispielworte und -sätze für alltägliche Situationen im Restaurant oder beim Einkaufen. Er soll den Leser mit der Lebensweise und der Sprache der Spanier bezüglich ihrer Ess- und Trinkgewohnheiten vertraut machen und ihm ermöglichen, sich so schnell und einfach wie möglich in Spaniens kulinarischer Umgebung zurechtzufinden.

Wort-für-Wort Übersetzung

Neben den spanischen Wörtern und Sätzen und ihren deutschen Übersetzungen gibt es eine Lautschrift und eine *Wort-für-Wort-Übersetzung*, die zum Verständnis der fremdsprachlichen Satzstruktur beitragen soll:

Fremdsprache: **Busco un restaurante que no sea tan caro.**
Lautschrift: bussko un resstaurante ke no ssea tan karo
Wort-für Wort: *(ich-)suche ein Restaurant dass nicht sei so teuer*
dt. Übersetzung: Ich suche ein nicht zu teures Restaurant.

Werden in einem Satz mehrere Wörter angegeben, die man austauschen kann, steht ein Schrägstrich dazwischen:

Qué hay de guarnición/postre?
ke ai de guarnißion/poßtre
was (es-)gibt von Beilage/Dessert
Was gibt es als Beilage/Nachtisch?

Grammatik

Die Kurz-Grammatik beschränkt sich auf das Allernötigste und verzichtet zu Gunsten der Verständigung auf Vollständigkeit.

Wörterlisten

Der Anhang, bestehend aus einer Wörterliste Deutsch – Spanisch und einem Register der spanischen Vokabeln mit den dazugehörigen Seitenzahlen, dient dem Nachschlagen einzelner Wörter.

Umschlagklappen

Die Umschlagklappen helfen, die wichtigsten Sätze und Wörter so schnell wie möglich parat zu haben.

Fassbinder, Jérez de la Frontera

Seitenzahlen

Um Ihnen den Umgang mit den Zahlen zu erleichtern, wird auf jeder Seite die Seitenzahl auch in Spanisch angegeben!

Aussprache & Betonung

Die Selbstlaute (Vokale) **a, e, i, o, u** werden immer deutlich einzeln gesprochen, auch wenn mehrere hintereinander stehen:

ie	i-e	**miel**	mi-el	Honig
ue	u-e	**huevo**	hu-ewo	Ei
ei	e-i	**veinte**	we-inte	zwanzig

Bei den restlichen Buchstaben ist folgende Aussprache zu beachten:

ch	tsch	**mucho**	mutscho	viel
h	*(stumm)*	**helado**	elado	Eis
j	ch	**jugo**	chugo	Saft
ll	j	**pollo**	pojo	Hähnchen
ñ	nj	**baño**	banjo	Badezimmer
qu	k	**queso**	kesso	Käse
s	ss	**sopa**	ssopa	Suppe
v	w	**vino**	wino	Wein
y	j	**yo**	jo	Ich
z	ß	**cazón**	kaßon	Hai

Bei **g, gu** und **c** hängt die Aussprache von dem darauffolgenden Buchstaben ab. Stehen sie vor den hellen Selbstlauten **e** und **i,** gilt:

ce, ci	ße, ßi	**cebolla**	ßewoja	Zwiebel
ge, gi	che, chi	**gente**	chente	Leute
gue, gui	ge, gi	**guinda**	ginda	Süßkirsche

Vor den dunklen Selbstlauten **a**, **o**, **u** oder vor einem Mitlaut (Konsonant):

c	k	**comer**	komer	essen
g	g	**gallo**	gajo	Hahn
u	gu	**gusto**	gusto	Geschmack

Betonung

Die meisten Worte enden auf Selbstlaut, **n** oder **s**. Hier wird die vorletzte Silbe betont.

estanco
ess-tan-ko
Tabakladen

camarero
ka-ma-re-ro
Kellner

Bei den übrigen Wörtern wird die letzte Silbe betont.

mujer
mu-cher
Frau

ciudad
ßiu-dad
Stadt

Wenn eine Silbe einen Akzent hat, wird diese natürlich betont. Akzente stehen auch zur Unterscheidung von gleichlautenden Wörtern und auf Fragewörtern.

cómo
ko-mo
wie

pimentón
pi-men-ton
Paprikapulver

Kauderwelsch-Tonträger

Falls Sie sich die fremdsprachigen Sätze und Wörter, die in diesem Buch vorkommen, einmal von einem Spanier gesprochen anhören möchten, kann Ihnen Ihre Buchhandlung das begleitende Tonmaterial zu diesem Buch besorgen. Sie bekommen es auch über den Rump-Direktversand oder unseren Internetshop:
www.reise-know-how.de

Essgewohnheiten

Speisen in Spanien

In Spanien kann man im Restaurant keinen Tisch reservieren, man geht einfach in das gewünschte Lokal. Falls gerade kein Tisch frei ist, setzt man sich solange an die Theke und wartet, bis ein Tisch frei wird.

Der hungrige Reisende wird in Spanien keine „haute cuisine“ finden. Die spanische Gastronomie ist ganz elementar, was die Gewürze betrifft – die meisten Gerichte enthalten lediglich Salz, Pfeffer, Safran, Thymian und ein wenig mehr. Es gibt jedoch eine riesige Auswahl an Zutaten: Fleisch, Gemüse und Wurst aller Sorten.

Die **carta** (Speisekarte) ist meist unterteilt nach **entrantes** (Vorspeisen), **primer plato** (erster Teller), **segundo** (zweiter Teller) und **postres** (Nachtisch). Sie können aber auch nach dem **menú del día** (Tagesmenü) fragen.

tapas, Madrid

Das Frühstück ist dem Spanier nicht so wichtig: ein **café con tostadas** (Kaffee mit getoastetem Baguette) ist alles, was es zum Frühstück gibt. Allerdings wird am Wochenende oder an einem freien Tag das Frühstück doch ein bisschen umfangreicher, vor allem aber ist es süß:

churros y porras
frittierter Spritzteig, der in heiße Schokolade getaucht wird; sehr fettig, sehr lecker, aber ganz frisch muss er sein

croissant
ähnlich dem französischen, kann auch aufgeschnitten und getoastet serviert werden

napolitana
rechteckiges Teilchen aus Blätterteig
de chocolate (mit Schokofüllung) oder
de crema (mit Cremefüllung)

ensaimada
rundes Teilchen, dem Blätterteig sehr ähnlich mit **cabello de angel** (Engelshaar)

Um die Mittagszeit, etwa ab 12 Uhr können Sie ein **tapas** zum Wein essen.

Ansonsten gibt es ab 14 Uhr **la comida** oder **el almuerzo**, das Mittagessen, und am Abend ab 21 Uhr **la cena**, das Abendessen – in Spanien fast wichtiger als das Mittagessen.

Die Restaurants sind in der Regel von 12 Uhr mittags bis 1 Uhr nachts geöffnet, zwischen 16 und 18 Uhr ist wegen der **siesta** geschlossen.

Wie die Feste fallen

¡Salud!

Weihnachten und der Jahreswechsel sind wohl die bekanntesten Feste und doch die, die am meisten in ihrer Zelebration von den unsrigen abweichen.

Die Spanier lassen keine Gelegenheit aus, ein Fest zu feiern, und von denen gibt es viele. Feiern, das bedeutet sich mit der Familie zu treffen, mit den Großeltern, den Tanten und Onkels, Cousins und Cousinen. Oftmals steht das gemeinsame Mittag- oder Abendessen im Mittelpunkt des gemeinsam verbrachten Tages.

Was kommt zu Weihnachten auf den Tisch? Sehr interessant, das herauszufinden; noch spannender aber: was passiert sonst noch?

Am 24. Dezember wird zusammen mit der Familie zu Abend gegessen. Anders als in Deutschland gibt es ein oppulentes Mahl. Geschenke gab es an diesem Abend ursprünglich nicht, wegen des starken Einflusses des restlichen Europas werden mittlerweile doch Kleinigkeiten verschenkt.

Der 25. Dezember wird wie in Deutschland genutzt, um sich mit der Familie zusammen zu finden. Am 26. hingegen wird wieder gearbeitet. Da ist Weihnachten aber noch nicht zu Ende.

Silvester ist dann das nächste Datum, um sich mit der Familie zu vereinen. Alle Generationen essen zusammen zu Abend und begrüßen das neue Jahr mit einem besonderen Brauch: Alle sitzen zusammen vor dem Fern-

Spanisches Weihnachtsgebäck

seher und schenken ihre ganze Aufmerksamkeit der Live-Übertragung der Rathausuhr von Madrid, vor sich zwölf Weintrauben. Um Punkt zwölf beginnt die Uhr, jede einzelne Stunde mit einem Schlag ihrer Glocke zu verkünden. Dies ist der Zeitpunkt: Ein jeder greift zu seinen zwölf Trauben. Schafft man es, bei jedem Schlag eine Weintraube zu verdrücken, ist man für das neu angebrochene Jahr mit Glück gesegnet.

Mit dem 6. Januar endet dann das Weihnachts- und Neujahrsfest. In der Nacht des 5. Januar gibt es in jeder größeren Stadt einen Festumzug der Heiligen Drei Könige, die dann auch angeblich den Kindern über Nacht ihre Weihnachtsgeschenke bringen. Am Morgen des 6. Januar geht es endlich ans Auspacken.

Tapas

Spanische Esskultur

Die Geschichte oder Legende besagt, dass der Ursprung der **tapas** auf das 17. oder 18. Jahrhundert zurückgeht. Der Name kommt vom Verb **tapar** - bedecken -, denn zu jenen Zeiten bedeckte man den Weinkrug mit einem Tellerchen, um zu verhindern, dass sich lästige Insekten im Wein badeten. Dieses Tellerchen enthielt, je nach Gastfreundlichkeit des Wirtes, einen Happen Wurst oder sonstige Kleinigkeiten. Bis heute hat man diese Gewohnheit beibehalten, man kann sie sogar schon als Ritual bezeichnen.

tapas

Kurz nach Mittag kommen die Spanier, seien es Freunde oder Arbeitskollegen, zusammen, um Tapas essen zu gehen. Genau dies ist der Moment der **convidada,** der gegenseitigen Einladung: Jeder Einzelne ist laut ungeschriebenem, aber allen bekanntem Gesetz dazu aufgefordert, zu einer Tapas-Runde einzuladen. Sich nicht an dieses Gesetz zu halten hieße bei den Mitstreitern in Ungnade zu fallen.

Die Regeln der korrekten Tapas-Esser sind folgende:

a. Nicht mehr als drei Einladungen akzeptieren, ohne wenigstens einmal selbst spendiert zu haben.

b. Nicht weniger als zwei verschiedene Tapas probieren, allerdings auch nicht mehr als vier; Tapas dienen als Appetitanreger!

Bei ausgesprochen großem Hunger gibt es auch noch die Möglichkeit eine **media ración** oder **ración**, halbe oder ganze Portion, zu bestellen.

c. Für eine Tapa sollte der Wirt nicht mehr verlangen als für ein Bier. Wenn es doch so ist, wechseln Sie schleunigst die Bar!

¿Qué tienen de tapas/para tapear?
ke tjenen de tapass/para tapear
was (sie-) haben von Tapas/für Tapas-essen
Was für Tapas haben Sie?

¿Qué tapas me recomienda?
ke tapass me rekomienda
was Tapas mir (Sie-)empfehlen
Welche Tapas können Sie mir empfehlen?

¿Tienen media ración de jamón?
tjenen media raßion de chamon
(sie-)haben halbe Portion von Schinken
Bekomme ich bei Ihnen eine halbe Portion Schinken?

Jamón serrano

Der Schinken & seine Freunde

„Del cerdo, (se aprovecha) hasta los andares.“ –
„Vom Schwein kommt alles auf den Tisch, bis hin zu den Läufen.“

So lautet ein spanisches Sprichwort. Was sich wie eine Übertreibung anhört, ist aber durchaus ernst gemeint. An den Produkten, die die Metzger aus dem **cerdo ibérico,** dem iberischen Schwein, erarbeiten, kann man erkennen, dass sich das Sprichwort bestätigen lässt.

Von all den verschiedenen Erzeugnissen ist der **jamón serrano,** der Serrano-Schinken, das berühmteste; **serrano** bedeutet „aus dem Gebirge“, und genau das ist der Ort, von wo der beste Schinken kommt und auch wo er bis heute nach traditioneller Art „reift“.

Der **jamón serrano** und der **jamón ibérico** werden nicht geräuchert wie der deutsche Schinken, sondern getrocknet. Dieser Prozess wird „Reifung“ genannt: Man stapelt die Keulen des Schweins eine über die andere, bedeckt sie mit einer Schicht Salz und lagert sie bei einer Feuchtigkeit von maximal 88% und einer Temperatur zwischen 4° und 5° C.

Es gibt zwei Klassen von **patas** (Schinkenkeulen): Schinken der **pata blanca** (weiße Keule), welcher im Preis etwas günstiger ist als die zweite Klasse, die **pata negra** (schwarze

Keule). Dieser Schinken wird so genannt, weil seine Haut bedeutend dunkler ist. Dieses Fleisch ist das wertvollste aller Schinkenarten, da die Schweine in den Bergen gehalten werden, wo sie sich fast ausschließlich von Eicheln und nicht von industriell gefertigtem Kraftfutter ernähren.

Nicht zu vernachlässigen sind aber auch die übrigen Schweinefleisch-Produkte, wie **chorizo** (die berühmte Paprikawurst), **morcilla** (Blutwurst), **lomo** („gereiftes" Filetstück), **salchichón** (Dauerwurst), **longaniza** (Hartwurst), **butifarra** (katalanische Wurst), **sobrasada** (mallorquinische Paprikawurst) um nur einige wenige zu nennen. Gewürzt werden die Würste außer mit Paprikapulver noch mit Pfeffer, Knoblauch und Thymian. Vor allem werden sie als **tapa**, auf **bocadillos** (belegtes Weißbrot), als Vorspeise oder als wesentliche Bestandteile sonstiger spanischer Rezepte, wie dem **cocido madrileño** gebraucht; und somit steht auch dem hungrigen Reisenden die Tür zum gastronomischen Himmel offen.

¿Tiene usted jamón de pata negra?
tjene ussted chamon de pata negra
haben Sie Schinken von Keule schwarz
Haben Sie Schinken der **pata negra**?

Quiero una tapa/ración de jamón.
kjero una tapa/raßjon de chamon
(ich-)will eine Deckel/ Portion von Schinken
Ich hätte gern eine Tapa/Portion Schinken.

Jamón serrano

jamon serrano, Logroño, La Rioja

¿Qué embutidos tiene?
ke embutidoss tjene
was Aufschnitt haben(-sie)
Welche Wurstwaren haben Sie?

Me gustaría tomar un plato combinado ibérico.
me gusstaria tomar un plato kombinado iberiko
mir würde-gefallen nehmen ein Teller gemischt iberisch
Ich hätte gerne einen gemischten Teller iberischer Wurstprodukte.

¿Tiene un jamón más barato?
(aunque no sea de pata negra)
tjene un chamon mass barrato
(anke no sea de pata negra)
haben(-Sie) ein Schinken mehr billig
(obwohl nicht sei von Keule schwarz)
Haben Sie einen etwas günstigeren Schinken?
(auch wenn er nicht von der **pata negra** ist)

Quesos con D.O.

Iberischer Käse

Mehr als 100 verschiedene Käsesorten werden in Spanien hergestellt. Zwölf von ihnen stehen unter dem Schutz der Qualitätsbezeichnung **D.O.**, genau wie das Olivenöl, der Wein oder der Serrano-Schinken. Es gibt die unterschiedlichsten Sorten: Frischkäse bis hin zu lange gereiftem altem Käse aus Schafs-, Ziegen-, Kuhmilch oder deren Mischungen.

Die Prädikatsbezeichnung **D.O.** *wurde um 1900 eingeführt und ist eine besondere Qualitätsauszeichnung. Sie wurde ursprünglich nur in Zusammenhang mit der Weinherstellung verwendet.*

Cabrales

wird hergestellt in Asturias, haupsächlich aus Kuhmilch, wobei auch kleine Mengen Schafs- oder Ziegenmilch beigemischt werden dürfen. Nach alter Käsereitradition reift dieser Blauschimmelkäse in Natursteinhöhlen, wo sich sein besonders intensives Aroma und der würzige Geschmack entwickeln können.

Idiazábal

Dieser im Baskenland elaborierte Käse wird aus reiner Schafsmilch gemacht und im Rauch von Kirsch- oder Buchenholz geräuchert.

Mahón

Ein reiner Kuhmilchkäse von den Balearen. Der Mahón wird meist als mittelalter Käse angeboten und sticht durch seine rote, vom Paprikapulver stammende Färbung ins Auge.

Majorero

Dieser von den kanarischen Inseln stammende Ziegenkäse wird von jung bis alt angeboten.

Manchego

Dies ist wohl der bekannteste Schafsmilchkäse in Spanien wie auch im Ausland. Er wird aus Schafsvollmilch von einer bestimmten Schafsrasse aus und in der Mancha hergestellt. Das Gebiet erstreckt sich über die Provinzen Toledo, Cuenca, Ciudad Real und Albacete. Der Käse reift in mindestens 60 Tagen in feuchter Umgebung.

© Archiv Turespaña

manchego

Tetilla

ist ein kegelförmiger frischer Kuhmilchkäse, der zu den mildesten und cremigsten ganz Spaniens zählt. Hergestellt wird er in Galizien.

Zamorano

Der in der Provinz von Zamora hergestellte Schafskäse wird als mittelalter oder alter Käse verkauft.

Aceite de Oliva

Spanisches Gold

Jede Spanierin, jeder Spanier hat in der Schule gelernt, dass schon seit den Phöniziern, dann bei den Römern und später auch bei den Arabern, drei Produkte die ökonomische wie nutritive Lebensgrundlage bildeten: **Vino, cereales y aceite de oliva** (Wein, Getreide und Olivenöl). Mehr als ¾ des spanischen Territoriums dient als Anbaugebiet für Oliven, das entspricht einem Jahresertrag von 700 Millionen Tonnen.

Mit steigender Produktion und steigendem Einfluss des Olivenöls auf dem Weltmarkt wurde, wie beim Wein, ein **consejo regulador** gebildet. Diese „Oliven-Regulierungsbehörde" dient der Klassifikation der verschiedenen Ölsorten gemäß der fast 90 verschiedenen Olivensorten, der Kontrolle des Säuregrades und der Aufzucht der **olivos** (Olivenbäume).

Beim Olivenöl haben sich drei Kategorien herausgebildet:

Virgen extra

Dies ist Olivenöl der höhsten Qualität. Nach der Ernte werden die Oliven unverzüglich ohne Erhitzung, also kalt gepresst.

Dieses Öl unterscheidet sich einzig an den verschiedenen Säuregraden, das auf unterschiedliche Olivensorten zurückzuführen ist.

Oliven

Virgen

Dieses Olivenöl durchläuft die selbe Prozedur wie virgen extra. Beim Abfüllen wird es allerdings zur besseren Konservierung mit Stickstoff behandelt.

Aceite de Oliva

Dieses Öl wird in der Fabrik raffiniert, um ein schlechteres Öl, das aus alten Oliven gepresst wurde oder aus zweiter oder dritter Pressung stammt, zu verbessern. Es wird mehrmals gefiltert, erhitzt und somit zu einem neutralen Öl, welches auf Grund des kleineren Preises zum Frittieren und Braten verwendet werden kann.

Trinkgewohnheiten

Getränke in Spanien

In Spanien ist an Theke und Tisch der Wein der beste Freund. Vor, während und nach jedem Essen, zu den **tapas**, zur Hauptspeise und zum Nachtisch - der Wein darf nirgends fehlen. Normalerweise trinken die Spanier als Aperitif einen **chato**, einen billigen Hauswein aus der Flasche, serviert in einem kleinen Glas, das **cata** genannt wird. Danach ist es Zeit für die **tapas** und einen besseren Wein vom Fass. Zum Abschluss trinkt man einen **moscatel** (süßer Wein) oder einen Likör. Bier wird eigentlich nur im Sommer und bei einer Außentemperatur von über 25 °C getrunken. Man kann es als **caña** (0,25 l), **tubo** (0,33 l) oder **jarra** (Krug mit 0,5 l) bekommen.

Aber natürlich kann man immer einen **tinto de verano**, Rotwein mit weißer Limonade und Eiswürfeln, oder eine kalte **sangria**, Rotweinbowle mit frischen Früchten, bestellen, und diese sind als Sommererfrischung ohne Konkurrenz ...

¿Qué desea beber?
ke dessea beber
was (Sie-)wünschen trinken
Was hätten Sie gerne zu trinken?

Para empezar una caña, por favor.
para empeßar una canja por fawor
für anfangen eine Rohr für Gefallen
Erstmal ein kleines Bier, bitte.

¿Tienen vino del barril?
tjenen wino del barrill
(Sie-)habenWein aus-dem Fass
Haben Sie Wein vom Fass?

¿Qué vino me recomienda?
ke wino me rekomienda
welchen Wein mir (Sie-)empfehlen
Welchen Wein können Sie mir empfehlen?

Me gustaría tomar una copa de tinto.
me gusstaria tomar una kopa de tinto
mir würde-schmecken nehmen ein Glas des roten
Ich hätte gerne ein Glas Rotwein.

Weinabfüllanlage, Haro, La Rioja

Otra copa/Otra cana, por favor.
otra kopa/otra canja por fawor
anderes Glas/Rohr, für Gefallen
Ich hätte gerne noch ein Glas (halben Schoppen) Rotwein/ein kleines Bier, bitte.

¡Salud/A vuestra salud!
ssalut/a wuestra ssalut
Gesundheit/auf eure Gesundheit
Prost/Auf euer Wohl!

An diesem doch schon recht fortgeschrittenen Punkt des Buches könnte man sich fragen: „Trinken die Spanier eigentlich nichts anderes als Wein oder Bier?“, und obwohl die Antwort darauf sein könnte: „Nun ja, eigentlich nicht“, wollen wir an dieser Stelle doch noch einige bekannte nicht-alkoholische spanische Getränke aufführen.

Wasser!?

Nichts, was simpler und klarer wäre als Wasser; muss man darüber etwas schreiben? – Auf jeden Fall! Fragt man einen Spanier, was er am meisten in Deutschland vermisse, so wird er antworten: Wasser.

In Spanien gehört, noch mehr als der Wein, zu jeder Mahlzeit Wasser auf den Tisch, Mineralwasser oder einfach das aus dem Hahn. Für den deutschen Urlauber ist dann doch eher das Mineralwasser zu empfehlen, da das spanische Leitungswasser, je nach Region, mit einer Menge Chlor versetzt wird.

Wo ist aber nun der Unterschied? Die Kohlensäure macht's. Ob nun H_2O aus der Leitung oder aus der Flasche – ohne Kohlensäure muss es sein! Und somit wird man auch in allen Restaurants, Bars oder Fast Food-Läden immer stilles Wasser vorgesetzt bekommen. Möchte man Wasser mit Kohlensäure, muss man dies extra betonen, und eine Garantie, es überall zu bekommen, gibt es nicht.

Wer allerdings schon länger in Spanien unterwegs ist und es wagt, kostenloses Leitungswasser zu trinken, muss es als Ausländer auch eindeutig bestellen, sonst bekommt man nämlich das zu bezahlende Wasser aus der Flasche. Ansonsten gibt es das ungeschriebene Gesetz, dass man in jeder Bar ein Glas Leitungswasser bekommt, ohne irgendetwas anderes bestellen zu müssen.

Wenn man mal genau hinschaut, dann sieht man vor allem in der Mittagszeit, wenn es am heißesten ist, eine Person hereinkommen, an der Bar ein Glas Wasser trinken, mit dem Barkeeper ein, zwei Worte wechseln, um sofort wieder zu verschwinden.

¿Tiene agua con gas?
tjene agua kon gass
(Sie-)haben Wasser mit Kohlensäure
Haben Sie Wasser mit Kohlensäure?

Queremos una botella de agua con gas, por favor.
keremoss una boteija de agua por fawor
(wir-)wollen eine Flasche von Wasser mit Kohlensäure, für Gefallen
Wir hätten gerne eine Flasche Mineralwasser bitte.

Una botella de agua (mineral), por favor.
una boteija de agua (mineral) por fawor
eine Flasche von Wasser (Mineral) für Gefallen
Eine Flasche stilles Mineralwasser bitte.

¿Me trae un vaso de agua, por favor?
me trae un wasso de agua por fawor
mir (Sie-)bringen ein Glas von Wasser, für Gefallen
Bringen Sie mir bitte ein Glas (Leitungs-)Wasser.

Una jarra de agua, por favor.
una charra de agua por fawor
eine Krug von Wasser, für Gefallen
Ein Krug mit (Leitungs-)Wasser, bitte.

Me refiero al agua del grifo.
me refiero al agua del grifo
mich (ich-)beziehe auf-der Wasser aus-dem Wasserhahn
Ich meine Leitungswasser.

andere alkoholfreie Getränke

Jeder kann eine Coca-Cola, eine Fanta, einen Saft oder Bitter Lemon bestellen, aber wem der Sinn nach etwas Neuem steht, der bestelle eine **horchata,** ein **granizado** oder eine **leche merengada!**

horchata
– hat ihren Ursprung in Valencia, ist aber in ganz Spanien verbreitet. Es wird aus dem Saft der **chufa** (Erdmandel – ein kleines süßlich schmeckendes Knollengewächs), frischer Milch und Zucker gemacht. Meistens wird die **horchata** im Sommer eisgekühlt in **bares**, **cafeterías** oder **heladerías** (Eisdielen) serviert.

granizado
– ein gefrorenes Getränk mit Zironen –, Orangen- oder Erdbeergeschmack, eigentlich aus Saft, aber auf jeden Fall mit viel Zucker gemacht, eine willkommene Abkühlung an heißen Sommertagen.

leche merengada
– hergestellt aus frischer Milch, die mit Zucker, Zitronenschale und Zimtstangen langsam aufgekocht und gut gekühlt serviert wird.

¿Tiene granizado de naranja?
tjene granißado de narancha
(Sie-)haben gehagelten von Orange
Haben Sie Orangengranizado?

Lo siento, pero solo tenemos granizado de limón.
lo ssiento pero ssolo tenemos granißado de limon
das (ich-)fühle aber nur (wir-)haben gehagelten von Zitrone
Tut mir Leid, aber wir haben nur Zitronengranizado.

Entonces, prefiero una horchata.
entonßess prefjero una orchata
dann (ich-)bevorzuge eine Erdmandelmilch
Nun gut, dann nehme ich eine **horchata.**

Starßencafé in Logroño, La Rioja

Der Kaffee

Der Spanier hat zwei feste Zeiten am Tag für den Kaffee reserviert: Er trinkt einen ersten Kaffee morgens nach dem Aufstehen, und einen zweiten pünktlich zur **siesta** nach dem Mittagessen.

Der spanische Kaffee, dunkel und bitter, ist stärker als der deutsche Kaffee, aber nicht so stark wie der italienische. Serviert bekommt man ihn in den **cafeterías** entweder in der Tasse oder im Glas (je nach Region unterschiedlich), und niemals nach 20 Uhr; später eine geöffnete **cafetería** zu finden grenzt an ein Wunder.

Generell gibt es fünf Arten Kaffee:

café solo
kaffe ssolo
Kaffee allein
vergleichbar dem italienischen Espresso

café con leche
kaffe con letsche
Kaffee mit Milch
halb Milch, halb **café solo**

café cortado
kaffe kortado
Kaffee geschnittener
café solo mit einem Schuss Milch

café manchado
kaffe mantschado
Kaffee schmutziger
nur einen Tropfen Kaffee, der das Glas heiße Milch „verschmutzt“

café con hielo
kaffe con jielo
*Kaffee mit Eis**
café solo eisgekühlt

Bestellt man einen **café con hielo,** *wird eine Tasse mit heißem* **café solo** *und ein zweites Glas mit Eiswürfeln serviert: Nach Geschmack süßen und dann den Kaffee ins Glas gießen.* **café con hielo** *ist nicht zu verwechseln mit dem, was wir in Deutschland als Eiskaffee kennen! Dieser ist in Spanien nahezu unbekannt.*

Dem könnten wir eine sechste Sorte hinzufügen: den **carajillo**, was aber nur eine alkoholische Variante des **café solo** ist. Diesem wird nur ein Glas Cognac beigestellt, den sich der Gast beliebig zumischen kann.

¿Me pone un café cortado?
me pone un kaffe kortado
mir (Sie-)stellen einen Kaffee geschnitten
Könnte ich einen Kaffee mit etwas Milch haben?

Uno solo, por favor.
un ssolo por fawor
einen allein, für Gefallen
Einen Espresso, bitte.

Un manchado pero con leche fría, por favor.
un mantschado pero kon letsche fria por fawor
einen Schmutzigen, aber mit Milch kalter, für Gefallen
Einen **manchado,** aber mit kalter Milch, bitte.

café con hielo

El vino

Spaniens Weine

Um uns einen ersten Überblick über die verschiedenen Weine der iberischen Halbinsel zu verschaffen, haben wir sie nach geographischer Lage und ihren charakteristischen Eigenschaften eingeordnet.

consejo regulador vinícola: *unabhängige Zusammenschlüsse bzw. Räte von Winzern, die in Zusammenarbeit mit den Autonomien den Weinbau regeln*

Alle diese Weine sind Qualitätsweine mit dem Prädikat **Denominación de Origen (D.O.).** Die Prädikatsbezeichnung **D.O.** wurde um 1900 eingeführt. Zugestanden wird dieser Name gemäß der Gesetze des **consejo regulador vinícola** den Weinen, die durch besondere Eigenheiten der Traube, der Züchtung der Reben und des Klimas einen eigenen Charakter entwickeln und sich somit vom Rest abheben.

Weinstock in Haro, La Rioja

Außerdem gibt es allgemein vier Bezeichnungen, die auf das Alter und die Art der Lagerung der Weine schließen lassen, um uns somit bei der Auswahl der Weine zu helfen:

Jóven (jung)
– steht auf dem Etikett, oder nur der Jahrgang. Es sind die Weine, die im selben Jahr geerntet, gekeltert, abgefüllt und verkauft wurden, also nicht im Fass gereift sind. Es sind meist die günstigsten.

Crianza
– Weine, die mindestens ein Jahr im Fass oder Flaschen reifen konnten und sich dadurch von den jungen abheben, die keinen Reifungsprozess durchlaufen haben.

Reserva
– Weine, die mindestens drei Jahre im Eichenfass oder Flaschen reifen konnten.

Gran Reserva
– Weine, die mindestens vier Jahre oder mehr ausschließlich in Fässern (aus Eiche, Kirsche oder Kastanie) gereift sind.

Zu erwähnen bleiben noch die andalusischen Weine, die diese Bezeichnungen nicht führen, da sie ein besonderes Herstellungsverfahren durchlaufen. Es handelt sich nicht um Weine eines bestimmten Jahrganges, sondern um gute Tropfen aus einer Mischung aufeinanderfolgender Jahre. So wird sichergestellt, dass die Weine immer gleichbleibend guter Qualität bleiben.

„Sonnen"-Weine aus Andalusien

Vinos del Sol

Jerez *(in Deutschland als Sherry bekannt)*
Manzanilla *(Sanlúcar de Barrameda)*
Montilla-Moriles
Málaga
Condado de Huelva

Fast ausschließlich Weißwein in all seinen Variationen: **seco** *(trocken),* **semiseco** *(halbtrocken) und* **dulce** *(lieblich), mit Geschmack, der an „die Nähe zum Meer" erinnert.*

„Historische" Weine

Vinos Históricos

Rioja

Vorzügliche Rotweine, deren Qualität sich nach verschiedenen Jahrgängen unterscheidet, aber doch immer eine Freude für alle Sinne darstellt.

„Nördliche" Weine

Vinos Norteños

Navarra *(aus der Autonomie Navarra)*
Bizkaiko Txakolina
Getariako Txakolina
Campo de Borja *(aus dem Baskenland)*
Somontano
Calatayud
Carinena *(aus Katalunyen)*

Rotweine, die, was die Qualität angeht, denen aus der Rioja in nichts nachstehen. Sie sind jedoch jünger und fruchtiger als die schwereren Rioja-Weine.

Vinos del Nordeste

Weine aus dem Nordosten

Terra Alta
Tarragona
Pla de Bages
Priorato
Penedés
Conca de Barberá
Costers del Segre
Alella y Ampurdán-Costa Brava

Ebenfalls Rotweine, die ihren besonderen Geschmack dem Wachstum im Küstenklima zu verdanken haben.

Vinos del Poniente

Weine aus dem Nordwesten

Rías Baixas
Ribeiro
Monterrei
Ribeira Sacra
Bierzo
Valdeorras

Weißweine des Nordens jung und fruchtig, besonders zu empfehlen zu Meeresfrüchten der Region.

Vinos de la meseta

Weine der Hochebene

Rueda
Ribera del Duero
Toro y Cigales

Kräftige trockene Rotweine, hervorragend zum Käse aus der **Mancha** *geeignet.*

Weine des Ostens Vinos del Oriente

Jumilla
Yecla
Alicante
Utiel-Requena
Valencia
Bullas
Almansa

Auf der iberischen Halbinsel nicht ganz so bekannte Rotweine, jedoch sehr fruchtigen Charakters, was am fruchtbaren Boden in der Zone um Alicante herum liegen mag.

Weinstock in Haro, La Rioja

Vinos del Centro

Weine Zentralspaniens

Madrid
Mondéjar
Méntrida
La Mancha
Valdepeñas

Rotweine, deren Geschmack an die trockene Erde ihrer Herkunft erinnert.

Vinos Isleños

Weine der Inseln

Binissalem-Mallorca
El Hierro
La Palma
Lanzarote
Tacoronte-Acentejo
Ycoden-Daute-Isora
Abona
Valle de Güimar

Auf dem spanischen Festland sehr wenig bekannte Weine, die sich durch einen eigenen charakteristischen Geschmack auszeichnen, durch die besonderen geographischen und klimatischen Voraussetzungen.

Vinos Espumosos

Schaumweine

Cava

Man klassifiziert den **Cava** *nach natürlichem Zuckeranteil in:* **dulce** *(süß),* **semi seco** *(halbtrocken),* **seco** *(trocken),* **extra seco** *(extra trocken).*

Nicht übergehen sollten wir allerdings noch ein Getränk: Die **sidra** aus Asturias. Für die Einheimischen ist sie mehr als nur ein Apfelwein. Die **sidra** ist der Inbegriff von Geselligkeit, Konversation und überfüllten **sidrerías** (Sidra-Ausschank-Stuben), sie ist das Nationalgetränk.

Selbst das Einschenken ist schon eine Kunst für sich; der geübte **escanciador** gießt den leicht kohlensäurehaltigen Apfelwein aus großer Entfernung von oben in ein **vasu** (Glas), wobei er leicht aufschäumt, sich gleich darauf aber wieder beruhigen sollte. Angeblich entfaltet sich so das Aroma und der Geruch besonders intensiv.

Die **sidra** gibt es aber nicht nur in Asturien, sondern auch im Baskenland und der Rioja. Da es sehr schwer ist den Geschmack zu beschreiben, am besten selbst mal probieren!

Parque Natural Somiedo, Asturias

Gastronomieführer

... wann man wohin geht

Die Ausgeh-Möglichkeiten sind in Spanien unzählig. Laut einer Studie haben Spaniens Städte die höchste Lokal-Dichte ganz Europas, sei es um essen zu gehen, zu tanzen oder einfach nur um sich mit Freunden zu treffen, sich zu unterhalten und zu trinken. Nachfolgend eine Auflistung und Erläuterung der häufigsten Lokalitäten:

Albergue (Herberge)

Sie sind in Städten und größeren Dörfern zu finden. Wenn man im Besitz eines Herbergs-Ausweises ist, hat man die Möglichkeit, zum günstigen Preis zu essen und zu übernachten.

Bar

Überall und immer wieder: Die spanische Bar ist der Treffpunkt und somit der Mittelpunkt des sozialen Lebens für alle Altersgruppen. Angeboten werden **tapas** *und alkoholische Getränke zu moderaten Preisen.*

Bodega (Weinkeller)

Ursprünglich wurde hier der Wein hergestellt und gelagert; heutzutage gibt es jedoch nur noch wenige, die der Tradition treu geblieben sind. Die Mehrzahl der Bodegas sind Lokale, in denen man die Weine der Region schlürfen kann.

Café/Cafetería

Hier bekommt man die verschiedenen heißen und nicht alkoholischen Getränke; in den meisten **cafés** *auch unterschiedlichste* **pasteles** *(Gebäck).*

Chiringuito de Playa

Dies ist eine direkt am Strand aufgestellte und nur im Sommer geöffnete „Bar“, in der man eisgekühltes Bier oder **tinto de verano** *trinken kann. Manchmal bekommt man frisch gefangenen Fisch vom Grill oder eine Paella.*

Estanco

Ein Laden für jeden Raucher, der ein paar Cents beim Kauf einer Schachtel Zigarretten sparen möchte, da sie in einem Estanco immer billiger sind als im Zigarrettenautomaten. Hier gibt es aber auch Briefmarken und Fahrkarten für den Stadtverkehr zu haben.

Fonda

Ursprünglich war dies ein Ort, an dem man günstig Unterschlupf für die Nacht finden konnte, meistens am Ortseingang und -ausgang gelegen (ähnlich wie die **albergue** *oder die* **venta***). Heutzutage sind sie jedoch nur noch selten und bieten in ihrer Mehrheit regionale Speisen in rustikalem Ambiente an.*

Horchatería

Eine Lokalität typisch für Valencia. Man bekommt dort, wie der Name schon verrät, die **horchata** *und andere nichtalkoholische, heiße und kalte Getränke, sowie Eis und Gebäck.*

Hostal/Hostería

Entspricht der **fonda** *für die Stadt. Das* **hostal** *bietet Übernachtungsmöglichkeiten zu kleinen Preisen und oftmals auch ein Tagesgericht für seine Gäste.*

Pastelería/Confitería/Bollería

Wie die deutschen Bäckereien/ Konditoreien. Spezialisiert auf Backwaren, Gebäck und Kuchen aller Art, mit der Möglichkeit, diese auch vor Ort zu verzehren und einen Kaffee dazu zu trinken.

Posada

Hier fand schon Don Quijote Rast und Gemach während seiner Abenteuer. Sie sind älter als die **fondas** *und außerhalb von Städten und Dörfern zu finden.*

Wenn Sie unterwegs eine **posada** *finden sollten, nutzen Sie Ihren Glückstag und genießen Sie die regionalen Spezialitäten an einem Ort, der auf der roten Liste steht.*

Pub

Eine Art Nachtklub, wo man Longdrinks zu sich nehmen und sich von seichter Musik berieseln lassen kann.

Restaurante

Überall zu finden; das Angebot und die Preise sind so vielfältig wie die Farben des Regenbogens, je nach Art des Restaurantes. Die häufigsten nationalen Arten sind die **arrocería** *für Paella und Reisgerichte und der* **asador,** *spezialisiert auf Gerichte mit Fleisch, das in Holzöfen gebraten wird.*

Fischrestaurant, Madrid

marisquería

Ein Restaurant, in dem man frischen Fisch und Meeresfrüchte aller Art verzehren kann.

Taberna/Tasca

La hermana pobre de la bodega, *die arme Schwester der Bodega, ist vertreten in Städten wie in Dörfern; viel kleiner als eine Bodega, trotzdem mit einer reichen Auswahl an Tapas und Hausweinen.*

Venta

Aufzufinden in Dörfern, wo man Spezialitäten der Region zu guten Preisen und in einem angenehm rustikalen Ambiente bekommt.

„Alte Kleidung“ & Co.

Die Speisekarte

Katzenzungen gibt es auch in Spanien, wobei naürlich alle wissen, dass es sich dabei nicht um Zungen von Katzen handelt. Viele iberische Lebensmittel sind also zweideutig, können im Wörterbuch nachgeschlagen etwas vollkommen anderes bedeuten, aber auch umgekehrt. Viele Bezeichnungen von Gerichten werden in der Umgangssprache benutzt. Nachfolgend eine kuriose Auflistung, damit man mindestens eine kleine Ahnung bekommt, was man zu befürchten hat:

coditos *Ellenbögen*	eine Art Pasta
coca *Kokain*	mallorquinische Pizza
revuelto *aufgewühltes, verrührtes*	Rührei
espárragos montañeses *Bergspargel*	Lammschwänze mit Paprika
emparedados *Eingemauerter*	Sandwich
migas *Weißbrot-Innerei*	Weißbrot-Inneres mit ganzen Knoblauchzehen und „Fleischresten“, gebraten
mojo	kanarische, meist scharfe rote oder grüne Soße

judías *Juden*	Bohnen
jamón de york *Schinken aus York*	Kochschinken
patatas paja *Strohhalmkartoffeln*	sehr feine, frittierte Kartoffeln
patatas viudas *Witwenkartoffeln*	frittierte Kartoffelscheiben
patatas bravas *tapfere Kartoffeln*	frittierte Kartoffelstücke in scharfer Soße
papas arrugadas *faltige Papas*	sehr kleine Pellkartoffeln in sehr wenig Wasser und viel Salz „gar-geschwitzt“
ropa vieja *alte Kleidung*	Knochenfleisch und Kichererbsen aus der am Vortag gegessenen Brühe, in Olivenöl & m. Zwiebeln gebraten
almendritas *Mandelchen*	sehr kleiner Tintenfisch
bienmesabe / cazón en adobo *schmeckt-mir-gut*	marinierter kleiner Hai
bonito *Hübscher*	Art des Tunfischs
caballa *Stute*	Makrele
dentón *großer Zahn*	Zahnbrasse
gallo *Hahn*	Rotzunge

papa *hat sehr viele Übersetzungen, vor allem die Kurzform von* **patata**. **papa** *kann aber auch Vater oder Papst heißen.*

palometa *Täubchen*	Gabelmakrele
puntillitas *Nägelchen*	sehr kleiner Tintenfisch
raya cocida *gekochter Streifen*	Rochen
soldaditos de pavía *Soldaten aus Pavía*	in Streifen gebratener, mit Paprikapulver gewürzter Kabeljau
cabello del ángel *Engelshaar*	Konditorenfüllung aus süßem Kürbis
tocino del cielo *Himmelsspeck*	eine Art Pudding aus Eigelb & Zucker
brazo de gitano *Zigeunerarm*	gefüllte Biskuitrolle
huesos de santo *Knochen eines Heiligen*	Ostergebäck, süße Kuchenrolle mit Mandeln
lazos fritos *frittierte Schleifen*	blätterteigähnliches Gebäck
leche frita *frittierte Milch*	in Öl frittierte, feste Zimtpuddingstücke
tejas *Schindeln*	sehr feine Plätzchen
magdalenas *Magdalenen*	portionierte kleine Frühstückskuchen
medias noches *halbe Nächte*	belegte süße (Milch-) Brötchen
medias lunas *Halbmonde*	belegte Hörnchen
palomitas *Täubchen*	Popcorn

carne de membrillo *Quittenfleisch*	Quittenmarmelade
bizcocho borracho *besoffener Kuchen*	beschwipster Kuchen
macedonia (de fruta) *Mazedonien aus Frucht*	Obstsalat

Törtchen- und Dessertauswahl

Hier umgekehrt aus dem eigentlichen Sinn entstandene umgangssprachliche Redewendungen:

coco *Kokos*	Kopf
bacalao *Kabeljau*	spanischer „Volkspop“

cortar el bacalao *den Kabeljau schneiden*	den Ton angeben
ser un besugo *eine Seebrasse sein*	Dummkopf
tener un polvorón *pulvriges Schmalzgebäck haben*	durcheinander sein
edad del pavo *das Alter des Truthahns*	Erwachsenenalter
me tienes/estar frito *du hast mich frittiert/frittiert sein*	erschöpft/fertig sein
ser cochino	ein Ferkel sein
de higos a brevas *von Feigen zu jungen Feigen*	selten/kaum
no comerse un rosco *sich nicht ein Keks essen*	jmd., der keinen Erfolg b. Flirten hat
darse un pico *sich eine Spitze geben*	einen Kuss geben
estar hecho un flan *wie ein Pudding sein*	sehr nervös sein
importar un rábano/ pimiento *eine Rübe/Paprika bedeuten*	jemanden nicht interessieren
ponerse rojo como una gamba *rot werden wie eine Krabbe*	einen Sonnenbrand haben
parecerse a un camarón *sich einer kleinen Krabbe ähnlich sehen*	sehr zierlich sein
estar seco como una mojama *so trocken wie gedörrter Tunfisch sein*	eine Bohnenstange sein

17 Möglichkeiten & 1000 Variationen

Regionale Spezialitaten

Hier nun eine kleine Auswahl an regionalen Leckereien, die auf der gesamten iberischen Halbinsel bekannt sind:

pescaito frito (Andalucía)
Bratfisch

pincho moruno (Andalucía)
gebratene exotisch gewürzte Hähnchenstückchen am Spieß

la fabada (Asturias)
Bohneneintopf

bornchu (Asturias)
Maisbrot mit eingebackener Paprikawurst

gofio (Canarias)
gekochte Teigmasse als Beilage aus Mais- oder Weizenmehl

sancocho (Canarias)
traditionelles Fischgericht aus **cherne**

carajacas (Canarias)
gebratene Leber

sopa de ajo (Castilla la Mancha)
Knoblauchsuppe

pisto manchego (Castilla la Mancha)
sehr stark geschmortes Gemüse (Tomaten, Paprika und Aubergine mit Knoblauch)

chanfaina salmantina
(Castilla y León (Salamanca))
Reis mit Geflügel- und Lamminnereien

cochinillo / tostón (Castilla y León (Segovia))
Ferkelbraten mit Thymianholz im Ofen gebraten
ali-oli (Catalunya) Knoblauchmayonnaise
pantumaca (Catalunya)
getoastetes Weißbrot mit einer reifen Tomate eingerieben, mit Olivenöl beträufelt und einer Scheibe Serrano-Schinken gekrönt
lacón con grelos (Galicia)
Schweinefleisch mit Mangold

© Turespaña

bacalao al pil-pil (País Vasco)

empanadas (Galicia)
unterschiedlich gefüllte Pasteten
callos (Madrid)
Kutteln mit Kichererbsen und Gemüse
marmitako de bonito (País Vasco)
Tunfischgericht mit Kartoffeln (einem Eintopf ähnlich)
bacalao al pil-pil (País Vasco)
getrockneter Kabeljau (Klippfisch) mit Knoblauch langsam gebraten
pintxos (País Vasco)
kleine Spießchen, ähnlich der **tapa**

pimientos rellenos (La Rioja) rote spitze Paprikaschoten mit verschiedenen Füllungen	
paella (Valencia) Reispfanne mit Gemüse, Meeresfrüchten und gemischtem Fleisch	

Knabbereien

Knabbern ist eine der beliebtesten Nebenbeschäftigungen des gemeinen Spaniers. Hier eine der am häufigsten vorkommenden Lekkereien. Besonders zu erwähnen wären da noch die **frutos secos**, alle Arten von Nüssen und Trockenfrüchten. Sie sind nicht nur für die Zubereitung verschiedener Köstlichkeiten in der Küche bekannt, sondern vor allem, wenn es darum geht zwischendurch, unterwegs oder in der Bar etwas zu knabbern, in geröstetem (**tostado/a**) oder frittiertem (**frito/a**) Zustand, in Klammern die üblichere Mehrzahl:

cacahuete	Erdnuss
avellana	Haselnuss
nuez, (**nueces**)	Walnuss
almendra	Mandel
piñon	Pinienkern
pistacho	Pistazie
pipa	Sonnenblumenkern
pipa de calabaza	Kürbiskern
maíz	Mais

altramuz	Lupinenkerne
haba	Bohne
garbanzo	Kichererbse
patatas fritas	Kartoffelchips oder Pommes Frites
picos	knusprig gebackene Gebäckstückchen

Allgemeines

Hier noch einige Wörter, die häufig Verwendung finden:

puchero	Brühe mit Fleisch & feinen Nudeln
potaje/ pote	Gemüseeintöfe mit versch. Fleischstücken & Wurst
cocido	Fleischeintopf
caldo	Brühe
guiso	Schmortopf

Berühmt ist **cocido madrileño**: *verschiedene Fleisch- und Wurstsorten mit Gemüse und Kichererbsen gekocht, aber alles getrennt serviert.*

Teile vom Tier

chuleta	Kotelett
lomo	Lende
pecho	Brust
pechuga de pollo/ pavo	Hähnchen-, Putenbrust
rabo de toro	Ochsenschwanz
solomillo	Lendenstück

Auf dem Markt in Málaga

Benehmen „a la española“

Kurz - Knigge

Obwohl es gar nicht wünschenswert ist, Dinge zu verallgemeinern, wollen wir doch behaupten, dass die Spanier sehr offene, positiv eingestellte, gastfreundliche und herzliche Menschen sind, die aber auch ihren Stolz nicht zu verbergen versuchen.

Dies sollte jeder Urlauber auf jeden Fall tolerieren, was aber nicht heißt, dass man nicht auch mal das Eine oder Andere kritisch zu bedenken geben könnte.

Die Offenheit und der ungezwungene Umgang der Menschen miteinander spiegelt sich vor allem in ihrer Sprache wider. Egal ob Bekannter, Nachbar, Marktverkäufer oder Bankangestellter – alle duzen sich gegenseitig. Einzig ältere Generationen oder besondere Respektspersonen wie Polizei- oder sonstige Beamte werden gesiezt.

Und wenn man als Frau beim Einkaufen mal ein **¿Qué te pongo mi corazón?** (Was darf's denn sein, mein Herz?) oder als Mann **¿Algo más hijo?** (Noch etwas, mein Sohn?) vernimmt, ist das kein Grund zum Kopfzerbrechen:

Dann nämlich können Sie gewiss sein, sind Sie in Spanien, mit den dort ganz normalen Umgangsformen.

¡Hola! & ¡Adiós!

Begrüßen & verabschieden

Auf der iberischen Halbinsel ist der Umgang der Menschen miteinander sehr herzlich. Das fängt bei der Anrede an und geht bei der Begrüßung weiter. Frauen und Männer begrüßen einander, wie auch Frauen untereinander, mit Wangenküsschen links und rechts, die aber nicht unbedingt zu triefenden Schmatzern werden sollten! Auch Personen, die sich noch nicht kennen, einander aber vorgestellt werden, brechen so viel schneller das Eis. Männer untereinander hingegen begrüßen sich außer mit den üblichen Floskeln mit einem Hand- oder Schulterschlag.

Hier die geläufigsten Begrüßungsfloskeln:

¡Hola!
ola
Hallo!

¡Buenos días!
buenoss diass
Guten Morgen!/Guten Tag!

¡Buenas! (zu **Buenas tardes/noches**)
buenoss buenass tardes/notschess
Tag! / n' Abend!

¿Qué tal?
ke tal
Wie geht's?

¿Qué hay?
ke ai
Was gibt's Neues?

¿Qué pasa?
ke passa
was passiert
Was läuft?

Te presento a Víctor.
te presento a Victor
dir (ich-)stelle-vor Víctor
Darf ich vorstellen: Viktor.

¡Encantado*(m)***/Encantada***(w)***!**
enkantado/enkantada
(ich-)begeistert
Sehr erfreut!

Zum Verabschieden sei nur eines zu bemerken: sagen Sie bitte nicht „Hasta la vista!", wenn Sie sich verabschieden möchten. Arnie (Schwarzenegger) würd' sich freuen, aber in Spanien werden Sie die Leute eher etwas verwirrt oder schmunzelnd anschauen! Nutzen Sie also besser die Möglichkeiten, die sich sonst noch bieten:

¡Adiós!
adioss
Auf Wiedersehen!

¡Hasta luego/lueguito!
assta luego/luegito
Bis dann!

¡Chao!
tschao
Tschüss!

¡Hasta pronto!
assta pronto
Bis bald!

¡Qué te vaya muy bien!
ke te waja mui bien
Lass es dir gut gehen!

Verabreden

Hauptsächlich durch das mediterrane Klima verursacht, verbringen Spanier viel Zeit außerhalb des Hauses; sei es im Park bei einem Schwätzchen mit dem Nachbarn, in der Bar gegenüber bei einem Gläschen Rotwein, auf einer der vielen **plazas** mit den Freunden bei einer **litrona** oder auch mal aus besonderem Anlass in einem Restaurant.

Dass sich alle Welt, **todo el mundo,** in Spanien vor allem draußen trifft, liegt aber auch an den wirtschaftlichen Standards, die vor allem in der Vergangenheit nicht den mitteleuropäischen entsprachen. Trotz erheblichen Aufschwungs in den letzten Jahren konnte Spanien (noch) nicht mit Mitteleuropa gleichziehen.

Vor allem Jugendliche decken sich schon im Voraus im Supermarkt mit einer Flasche Whiskey, Cola und einem Beutel **cubitos,** Eiswürfeln, ein, und feiern ihre eigenen Partys, oft auch mit eigener Musik, auf öffentlichen Plätzen, sehr zum Ärgernis der Anwohner.
Die Älteren treffen sich meistens in der Gruppe an einem zentralen Punkt und entscheiden dann gemeinsam, wohin es geht.

Je nach Tagesform, musikalischen Vorlieben und Geldbeutel geht es dann in drei, vier (oder mehr) verschiedene Bars. Was tagsüber wie eine unscheinbare Eingangstür aussieht, entpuppt sich nachts als angesagtes Lokal.

¿Vamos a cenar juntos?
wamoss a ßenar chuntoss
(wir-)gehen zum Abendessen zusammen?
Gehen wir zusammen Abendessen?

¿Dónde quedamos?
donde kedamoss
wo (wir-)treffen
Wo treffen wir uns?

¿A qué hora quedamos?
a ke ora kedamoss
um welcher Stunde (wir-)treffen
Um wie viel Uhr treffen wir uns?

¿Conoces un restaurante/bar bueno por aquí?
konnoßess un restaurante/bar bueno por aki
(du-)kennst ein Restaurant / Bar guter durch hier?
Kennst du ein gutes Restaurant hier in der Nähe?

¿A dónde vamos?
a donde wamoss
an wo (wir-)gehen
Wo gehen wir hin?

¿Vamos de tapas?
wamoss de tapass
(wir-)gehen von Deckeln
Gehen wir Tapas essen?

¿Tienes ganas de ir de copas?
tjeness ganass de ir de kopass
(du-)hast Lust von gehen von Gläsern?
Hast du Lust, was trinken zu gehen?

Hier seien noch einige Worte verloren, was die Einhaltung von Uhrzeiten bei einer Verabredung angeht. Oft hört man, Spanier kämen immer zu spät – zu Verabredungen. Das stimmt auch, lässt sich aber auf keinen Fall verallgemeinern, da viele auch **en punto** *(auf die Minute) erscheinen. Wenn Sie die Person bzw. Personen noch nicht allzu gut kennen oder es gar das erste Treffen ist, seien Sie lieber pünktlich und nehmen sich für den Zweifelsfall eine interessante Lektüre mit, dann nämlich löst sich das Problem von selbst.*

¿Mesa para dos?

Im Restaurant

Egal ob Mittag- oder Abendessen, die Mahlzeiten an sich sind die zentralen alltäglichen Ereignisse, an denen soziale Kontakte gepflegt und ausgebaut werden, ob mit Freunden oder der Familie.

Disculpe, ¿tienen una mesa para cuatro personas?
disskulpe tjenen una messa para kuattro perssonass
(Sie-)entschuldigen (Sie-)haben eine Tisch für vier Personen
Entschuldigen Sie, haben Sie einen Tisch für vier Personen?

Lo siento, señor/señora, pero está todo completo.
lo ssiento senjor/senjora pero essta todo kompletto
das (ich-)fühle, Herr / Dame, aber ist alles voll
Das tut mir Leid, aber alle Tische sind besetzt.

Pueden tomar algo en la barra mientras esperan y yo les aviso.
pueden tomar algo en la barra mientrass essperan i jo less avisso
(Sie-)können nehmen etwas an die Stange während (Sie-)warten und ich Ihnen Bescheid-(ich-)gebe
Sie können etwas an der Bar zu sich nehmen, während Sie warten, ich gebe Ihnen dann Bescheid.

Sí, claro, no hay problema. Pueden elegir.
ssi klaro no ai problema. pueden elegir
ja, klar, nicht (es-)gibt Problem. (Sie-)können wählen
Ja, natürlich, kein Problem. Wählen Sie selbst.

En la mesa – Am Tisch

Disculpe, ¿podría traerme la carta?
disskulpe podria traerme la karta
(Sie-)entschuldigen, (Sie-)könnten bringen-mir die Karte
Entschuldigung, könnten Sie mir die Karte bringen?

¿Tienen un menú del día?
tjenen un menu del dia
(Sie-)haben ein Menü von-der Tag
Haben Sie ein Tagesmenü?

Lo siento, señor/señora, sólo tenemos los platos que están en la carta.
lo ssiento senjor/senjora, ssolo tenemoss los platos ke esstan en la karta
das (ich-)fühle Herr/Dame, nur (wir-)haben die Teller das sind in die Karte
Tut mir Leid, wir haben nur die Gerichte von der Karte.

¿Qué quieren tomar de primero?
ke kjeren tomar de primero
was (Sie-)wollen nehmen von Erster
Was möchten Sie als ersten Gang/Vorspeise?

Nada gracias, prefiero tomar sólo un segundo plato.
nada graßiass prefjero tomar ssolo un ssegundo
nichts danke (ich-)bevorzuge nehmen nur ein zweiter Teller
Nichts, danke. Ich möchte nur den Hauptgang.

Tomaré una ensalada mixta y una botella de agua para beber.
tomare una enssalada mikssta
e una boteija de agua para beber
nehmen-(ich-)werde eine Salat gemischt und eine Flasche von Wasser für trinken
Ich nehme einen gemischten Salat und zum Trinken eine Flasche Wasser.

¿Desea alguna cosa más?
dessea alguna kosa mass
(Sie-)wünschen irgendeine Sache mehr
Wünschen Sie sonst noch etwas?

De momento, no. Eso es todo.
de momento no esso ess todo
von Moment nein dies (es-)ist alles
Nein, im Moment nicht. Das ist alles.

¿Van a tomar algo de postre?
wann a tomar algo de posstre
(Sie-)gehen zu nehmen etwas von Nachtisch
Möchten Sie noch etwas zum Nachtisch?

Sí, un café cortado.
ssi un kaffe kortado
ja, ein Kaffee geschnittener
Ja, einen **café cortado**.

No, gracias. Estoy lleno.
no graßiass esstoi jeno
nein, danke (ich-)bin voll.
Nein, danke. Ich bin satt.

¿Les ha gustado la comida/la cena?
less a gusstado la komida/la ßena
ihnen hat gefallen die Essen/Abendessen
Hat Ihnen das Essen/Abendessen geschmeckt?

Sí, todo estaba muy bueno.
ssi todo esstaba mui bueno
ja alles war sehr gut
Ja, es hat alles sehr gut geschmeckt.

Bezahlen gleich Bezahlen?

Die eigentümliche „Psychologie" des Spaniers verbietet es den einfachsten Weg zu nehmen, wenn sich die Möglichkeit eröffnet, einen komplizierteren zu beschreiten. Der Reisende mit geschultem Gehör wird dies bestätigen können, wenn es an der Zeit ist das Bestellte, sei es in der Bar oder im Restaurant, zu bezahlen.

Es gibt folgende Möglichkeiten:

1. Die unpersönliche Variante, bei der es erscheint, als hätte man nicht selbst bestellt und verzehrt, zu deutsch: „Was schulde ich Ihnen?".

¿Cuánto se debe?
kuanto sse debe
wie-viel man schuldet

¿Cuánto es?
kuanto ess
wie-viel (es-)ist

¿Cuánto hay que pagar?
kuanto ai ke pagar
wie-viel (es-)gibt dass bezahlen

2. Die indirekte Option oder 1000 und eine Möglichkeit, **la cuenta** (die Rechnung) anders zu betiteln:

¡La dolorosa!
la dolorossa
die Schmerzende

¡La sencilla!
la ssenßija
die Einfache

¡La impagable!
la impagable
die Unbezahlbare

3. Die „Unschulds"-Variante, bei der man so tut, als wüsste man nicht mehr, was man gegessen und getrunken habe, da es am Ende in der Verantwortung des Kellners liegt, die Rechnung zu bringen:

¿Cuánto te debo?
kuanto te debo
wie-viel dir (Ich-)schulde

¿Cuánto hemos comido?
kuanto emos komido
wie-viel (wir-)haben gegessen

¿Me dice cuánto es todo?
me diße kuanto ess todo
mir (Sie-)sagen wie-viel (es-)ist alles

4. Die höfliche Variante, bei der der wohlerzogene Kunde sein gesamtes Wissen über die liebenswürdigsten Formen der Sprache zum Besten gibt:

¿Podría decirme usted, si es tan amable, cuánto le debo?
podria deßirme ussted ssi ess tan amable kuanto le debo
könnten sagen-mir Sie wenn (er-)ist so liebenswürdig wie-viel Ihnen (ich-)schulde

¿Si no es mucha molestia, le rogaría me dijera a cuánto asciende lo bebido y lo comido?
ssi no ess mutscha molestia le rogaria me dichera a kuanto aßjende lo bebido i lo komido
wenn nicht (es-)ist große Belästigung Sie (ich-)würde-bitten mir sagten um wie-viel ersteigt das Getrunkene und das Gegessene

Doch würde der Einheimische schlussendlich eine dieser Formen benutzen, die einfach und eindeutig fragen: Bringen Sie mir bitte die Rechnung?

¿Me puede traer la cuenta, por favor?
me puede traer la kwenta por fawor
mir (Sie-)können bringen die Rechnung, für Gefallen

Bar in Logroño, La Rioja

Da wäre noch was ...!

Falls Ihnen etwas fehlen sollte, Sie den Kellner um etwas bitten möchten, oder ihn und die Küche auch loben, Sie stiften damit mit Sicherheit Zufriedenheit auf beiden Seiten!!! Hier finden Sie die richtigen Worte.

Me gustaría el bistec poco hecho/no muy hecho/muy hecho.
me gussteria el bisstek poko etscho/no mui etscho/mui etscho
mir (würde-)gefallen der Steak wenig gemacht/nicht sehr gemacht/sehr gemacht
Ich hätte das Steak gerne blutig/halb durch/durch.

Perdone, ¿me hace un favor?
perdone me aße un fawor
(Sie-)entschuldigen mir macht ein Gefallen
Entschuldigung, tun Sie mir einen Gefallen?

¿Tiene asientos para niños?
tjene aßjentoss para ninjoss
(Sie-)haben Sitze für Kinder
Haben Sie einen Kindersitz?

¿Tienen porciones para niños?
tjenen porßjones para ninjoss
(Sie-)haben Portionen für Kinder
Haben Sie auch kleine Portionen für Kinder?

Señor/señora, falta un vaso, ¿nos trae uno?
ssenjor/ssenjora falta un wasso noss trae uno
Herr/ Dame, fehlt ein Glas, uns (Sie-)bringen eins
Es fehlt ein Glas, können Sie uns noch eins bringen?

Necesito un cenicero.
neßessito un ßenißero
(ich-)brauche ein Aschenbecher
Ich brauche einen Aschenbecher.

Traiganos otra jarra de agua, por favor.
traiganoss ota charra de agua por fawor
(Sie-)bringen-uns andere Krug von Wasser, für Gefallen
Bitte bringen Sie uns noch einen Krug mit Wasser.

Se me ha caido la cuchara, ¿me trae otra?
sse me a kaido la kutschara me trae otra
sich mir hat gefallen die Löffel, mir (Sie-)bringen andere
Mein Löffel ist heruntergefallen, bringen Sie mir bitte einen neuen?

Perdone, me trae un tenedor?
perdone me trae un tenedor
entschuldigen(-Sie), mir bringen(-Sie) ein Gabel
Entschuldigung, bringen Sie mir eine Gabel?

un cubierto	Besteck
un cuchillo	Messer
un tenedor	Gabel
un tenedor para dulces	Kuchengabel
una cuchara	Löffel
una cucharilla	Teelöffel
un tenedor de pescado	Fischgabel
un cuchillo de pescado	Fischmesser
una tenaza de marisco	Hummerzange
un cucharón	Suppenkelle
platos	Geschirr
un plato	Teller
un plato sopero	Suppenteller
un platillo	Untertasse
un vaso	Glas
una copa	Weinglas
una taza	Tasse
una jarra	Krug
una servilleta	Serviette
un mantel	Tischdecke

Eine **jarra** *ist auch ein großes Bier (0,5l).*

Bar in Logroño, La Rioja

Beanstandungen

¡Perdone!

perdone

Entschuldigen Sie bitte!

(im Sinne von: „Können Sie mal kommen bitte.")

Camarero, ¡hay un pelo en mi sopa!

kamarero ai un pelo en mi ssopa

Kellner, (es-)gibt ein Haar in meine Suppe

Herr Ober, da ist ein Haar in meiner Suppe!

¡Llevamos esperando mucho tiempo!

jewamoss essperando mutscho tjempo

(wir-)mitnehmen wartend viel Zeit

Wir warten schon sehr lange.

¿Nos atiende, por favor?

noss atjende por fawor

uns (Sie-)bedienen für Gefallen

Können Sie uns bedienen, bitte?

Esto no es lo que he pedido.
essto no ess lo ke e pedido
dieses nicht ist das was (ich-)habe bestellt
Das ist nicht das, was ich bestellt habe.

Ha sido un malentendido.
a ssido un malentendido
hat gewesen ein Missverständnis
Das war ein Missverständnis.

Llévoselo, por favor.
jewessolo por fawor
(Sie-)mitnehmen-sich-das, für Gefallen
Nehmen Sie das bitte zurück!

Perdone, este vino sabe mucho a corcho.
perdone esste wino ssabe mutscho a korko
(Sie-)entschuldigen dieser Wein schmeckt viel nach Korken
Entschuldigung, aber dieser Wein schmeckt sehr stark nach Korken.

Perdone, este plato está salado.
perdone esste plato essta ssalado
(Sie-)entschuldigen dieser Teller ist gesalzen
Entschuldigung, aber dieses Gericht ist versalzen.

Perdone esta sopa está fría.
perdone essta ssopa esta fria
(Sie-)entschuldigen diese Suppe ist kalt
Entschuldigung, aber die Suppe ist kalt.

Esto es gazpacho, se come frío.
essto ess gaßpatscho sse kome frio
dieses (es-)ist Gazpacho sich isst kalt
Das ist Gazpacho und wird kalt gegessen.

Lob für den Koch!

¡Muchas gracias!
mutschass graßiass
Vielen Dank!

¡Muy amable de su parte!
mui amable de ssu parte
sehr liebenswürdig von seiner Teil
Sehr nett/ liebenswürdig von Ihnen.

¡Me/nos ha gustado mucho/muchísimo!
me/noss a gusstado mutscho/mutschissimo
mir/uns hat gefallen viel/sehr viel
Es hat mir/uns gut/sehr gut geschmeckt.

¡La comida estaba buena/buenísima/rica!
la komida esstaba buena/buenissima/rika
die Essen war gut/sehr gut/reich
Das Essen war gut/sehr gut/lecker.

Digale al cocinero que todo estaba riquísimo/ buenísimo.
digale al koßinero ke todo esstaba rikissmo/buenissimo
(Sie-)sagen-ihm an-der Koch alles war
sehr sehr reich/hervorragend
Sagen Sie bitte dem Koch, dass alles köstlich war!

Klo & so

Disculpe, ¿me puede decir dónde está el servicio de señoras/de caballeros?
disskulpe me puede deßir donde essta el sserwißio de ssenjoras/de kabjeross
(Sie-)entschuldigen mir kann sagen wo ist der Dienst von Frauen/von Herren
können Sie mir sagen, wo ich die Damen-/Herrentoilette finde?

Perdone, ¿los servicios?
perdone los sserwißios
(Sie-)entschuldigen die Dienste/Toiletten
Entschuldigen Sie bitte, die Toiletten?

Al fondo del pasillo a la derecha/izquierda.
al fondo del passijo a la deretscha/ißkjerda
am Grund des Flur an die rechts/links
Am Ende des Flurs rechts/links.

Necesito las llaves del servicio, ¿puede dármelas?
neßessito las jawess del sserwißio puede darmelas
(ich-)brauche die Schlüssel von-der Dienst, (Sie-)können geben-mir-sie
Ich bräuchte die Schlüssel der Toilette, könnten Sie mir sie geben?

No hay papel higiénico/jabón.
no ai papel ichjeniko/chabon
nicht (es-)gibt Papier hygienisch/Seife
Es gibt kein Toilettenpapier/keine Seife.

¿Podría darme un rollo/una pastilla?
podria darme un rojo/una passtija
(Sie-)könnten geben-mir ein Rolle/eine Pastille
Könnten Sie mir eine Rolle/ein Stück Seife geben?

Sí, claro, cómo no. ¿Necesita algo más?
ssi klaro komo no. neßessita algo mass
ja, klar wie nicht (Sie-)brauchen etwas mehr
Ja, natürlich. Brauchen Sie noch etwas?

Magenprobleme

Me duele un poco/mucho la barriga.
me duele un poko/mutscho la barriga
mir (er-)tut-weh ein bisschen/viel die Bauch
Mir tut ein wenig/sehr der Magen weh.

Creo que algo no me ha sentado bien.
kreo ke algo no me a ssentado bien.
(ich-)glaube dass etwas nicht mir hat gesessen gut
Ich glaube etwas ist mir nicht gut bekommen.

La comida estaba muy picante/caliente/grasienta.
la komida esstaba mui pikante/kaljente/grassjenta
die Essen war sehr scharf/heiß/fettig
Das Essen war zu scharf/heiß/fettig.

Camarero, ¿tiene usted bicarbonato?
kamarero tjene ussted bikarbonato
Kellner haben Sie Natron
Herr Ober, haben Sie Natron für mich?

Lo siento, señor.
lo ssiento senjor
das (ich-)fühle Herr
Das tut mir sehr Leid.

No tenemos, pero le puedo traer una aspirina.
no tenemoss pero le puedo traer una aspirina
nicht (wir-)haben aber Ihnen (ich-)kann bringen eine Aspirin
Haben wir leider nicht, aber ich kann Ihnen eine Aspirin bringen.

No, gracias, déjelo. ¡Me duele mi barriga, no la cabeza!
no graßiass dechelo. me duele mi barriga no la kabeßa
nein danke (Sie-)lassen-das mir (er-)tut-weh mein Bauch, nicht die Kopf
Nein, vielen Dank. Ich habe Magen-, nicht Kopfschmerzen!

Me encuentro un poco mal.
me enkuetro un poko mal
mir (ich-)finde ein bisschen schlecht
Ich fühle mich nicht gut.

Me encuentro muy mal.
me enkuetro muy mal
mir (ich-)finde sehr schlecht
Mir geht es schlecht.

Necesito un vaso de agua.
neßessito un wasso di agua
(ich-)brauche ein Glas von Wasser
Ich brauche ein Glas Wasser.
(= Können Sie mir ein Glas Wasser bringen?)

Tengo que ir al servicio con urgencia. ¿Dónde está?
tengo ke ir al sserwißio con urchenika donde essta
(ich-)habe dass gehen auf-der Dienst mit Dringlichkeit wo ist
Ich muss dringend zur Toilette. Wo finde ich sie?

Oferta: ¡Dos por uno!

Einkaufen

Wie auch in Deutschland hat der Kunde in Spanien die Wahl zwischen den „Riesen“, also den Supermärkten, **supermercados**, oder den Tante-Emma-Läden, **tiendas.**

Die Öffnungszeiten für die großen Supermärkte oder **super** wie sie umgangssprachlich auch genannt werden, sind üblicherweise von 10 Uhr bis 22 Uhr und zwar durchgehend. Die „Kleinen“ öffnen in der Regel früher, zwischen 8 und 10 Uhr morgens und schließen normalerweise auch später als die „Großen“, um 23 Uhr oder sogar um Mitternacht, machen aber Mittagspause von 15 bis 17 Uhr.

Die interessantesten Einkaufsmöglichkeiten bieten sich dem neugierigen Reisenden allerdings auf den Märkten, **mercados de abastos,** die wie in Deutschland nur Vormittags, meist von 9 bis 14 Uhr, geöffnet sind. Dort werden Güter aller Art verkauft, Gemüse und Fisch frischer und meist billiger als in Läden oder Supermärkten.

Besonders zu erwähnen lohnt sich noch die **ultramarinos** oder **recovas,** wie sie früher genannt wurden. Es sind eine Mischung aus Tante-Emma-Läden und kleiner Bar; man kann also in dem einen Teil der Einrichtung Lebensmittel und Drogerieartikel erstehen, sich dann drei Schritte weiter an die Bar stellen, mit einem kühlen Getränk erfrischen und mit einigen Tapas stärken. Diese Art von Laden ist, wenn überhaupt, noch im Süden Spaniens anzutreffen.

Nicht verwechseln! Nüsse dürfen nicht mit **nueces** *übersetzt werden – das sind nämlich nur Walnüsse.*

Als letztes wären da noch die **quioscos,** die aber nicht dem deutschen Kiosk oder Drugstore entsprechen. Vielmehr sind es kleine Buden mit Süßkram, **golosinas,** Eiscreme, **helados,** und allerlei Nüssen, **frutos secos.** Diese haben keine einheitlichen Öffnungszeiten, je nach Lust und Laune des Besitzers.

Als letztes sei noch angemerkt, dass die gesetzlichen Ladenöffnungszeiten in Spanien nicht so streng eingehalten werden wie in Deutschland. So ist es möglich, an lauschigen Sommernächten (inmitten vieler Touristen) auch teure Boutiquen geöffnet zu sehen.

Auf dem Markt in Málaga

Por favor, ¿a qué hora abre el mercado?
por fawor a ke ora abre el merkado
für Gefallen um was Stunde (sie-)öffnen der Markt
Entschuldigung, wann wird der Markt geöffnet?

¿Cuánto vale el kilo de sardinas frescas?
kuanto wale el kilo de ssardinass freskas
wie-viel wert(-ist) der Kilo von Sardinen frischen
Was kostet das Kilo frischer Sardinen?

¿A cuánto está el medio kilo de sandía?
a kuanto essta el medio kilo de ssandia
um wie-viel (es-)ist der halber Kilo von Wassermelone
Was kostet das Pfund Wassermelone?

¿¡Dos Euros!?, no, es muy caro.
dos e-uross no ess mui karo
zwei Euros, nein, (ist-)das sehr teuer.
2 Euro?! Nein, das ist mir zu teuer.

Entonces me pone un cuarto de melón.
entonßess me pon un kuarto de melon
Also mir (Sie-)legen ein Viertel von Melone
Dann nehme ich ein halbes Pfund von der Melone.

Disculpe, sabe usted, si ¿este es el precio del litro de leche?
disskulpe ssabe ussted ssi esste ess el preßio del litro de letsche
(Sie-)entschuldigen (Sie-)wissen Sie ob dies (es-)ist der Preis von-der Liter von Milch
Entschuldigen Sie, können Sie mir sagen, ob dies der Preis für einen Liter Milch ist?

No, no me ponga tantos huevos.
no no me ponga tantoss chuewoss
nein, nein mir (Sie-)legen so-viele Eier nur
Nein, geben Sie mir nicht so viele Eier.

Sólo necesito media docena.
ssolo neßessito media doßena
(ich-)brauche halbe Dutzend
Ich brauche nur ein halbes Dutzend.

verdura	Gemüse
aceituna	Olive
ajo	Knoblauch
alcaparra	Kaper
alcelga	Mangold
alubia	Bohne
apio	Staudensellerie
berenjena	Aubergine
berza	eine Kohlart
calabacín	Zucchini
calabaza	Kürbis
cebolla	Zwiebel
coliflor	Blumenkohl
espárrago	Spargel
espinaca	Spinat
garbanzo	Kichererbsen
guisante	Erbse
habichuelo verde	grüne Bohnen
haba	Bohne
lechuga	grüner Salat
lenteja	Linse
pepino	Gurke

pimiento	Paprika
puerro	Porree
repollo	Weißkohl
seta	Pilz
tomate	Tomate
zanahoria	Möhre
hierbabuena	Minze
laurel	Lorbeer
orégano	Oregano
perejil	Petersilie
romero	Rosmarin
salvia	Salbei
tomillo	Thymian
pimientón	Paprikapulver
pimienta	Pfeffer
sal	Salz
azafrán	Safran
nuez moscada	Muskatnuss

fruta	Obst
albaricoque	Aprikose
breva	junge Feige
chumbo	Kaktusfrucht
chirimoya	köstliche, avocadogroße, grüne Frucht mit weißem Fruchtfleisch und schwarzen Kernen
fresa/ fresón	Erdbeere
granada	Granatapfel
higo	Feige
limón	Zitrone

manzana	Apfel
mango	Mango
melocotón	Pfirsich
melón	Melone (alle Arten außer d. Wassermelone)
naranja	Orange
pera	Birne
piña	Ananas
plátano	Banane
sandía	Wassermelone
uva	Weintraube

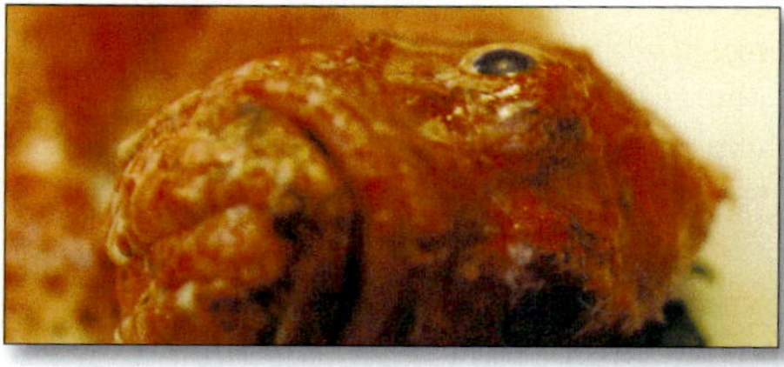

© Maja K. Kandzorra

pescado	**Fisch**
acedía	Scholle
ánguila	Aal
angula	Jungaal
atún	Tunfisch
bacalao	Kabeljau
besugo	Seebrasse
boquerón	Sardelle
cherne	Steinbutt
dorada	Goldbrasse
lenguado	Seezunge
lubina	Wolfsbarsch

merluza	Seehecht
rape	Seeteufel
salmón	Lachs
salmonete	rote Sackbrasse
trucha	Forelle

marisco	Meeresfrüchte
almeja	Muschel
bogavante	Seekrebs
calamar	Tintenfisch
cangrejo	Krebs
cigala	Hummer
chipiron	kleiner Tintenfisch
choco	Tintenfischart
erizo de mar	Seeigel
gamba	Garnele
langosta	Languste
mejillón	Miesmuschel
navaja	Schwertmuschel
nécora	Krebsart
pulpo	Seekrake
quisquilla	Krabbe
sepia	Tintenfisch
vieira	Jakobsmuschel

carne de ...	Fleisch vom ...
caballo	Pferd
carnero	Hammel
cerdo	Schwein

cordero	Lamm
ternera	Kalb
vaca	Rind
venado	Wild
ciervo	Hirsch
conejo	Kaninchen
corzo	Reh
jabalí	Wildschwein
liebre	Hase
aves	Geflügel
codorniz	Wachtel
faisán	Fasan
gallina	Henne
ganso	Gans
paloma	Taube
pato	Ente
pavo	Truthahn
perdiz	Rebhuhn
pollo	Hähnchen
tórtola	Taubenart (Turteltaube)

casquería	**Innereien**
asadura	Lunge, Leber und Herz
callo	Hühnerauge
corazón	Herz
hígado	Leber
lengua	Zunge
mano/ pata	Pfote
molleja	Bries
riñon	Niere
seso	Hirn

Gewürzstand auf dem Markt in Málaga

Mengenangaben

un kilo	ein Kilo
medio kilo	ein halbes Kilo
cien gramos	hundert Gramm
un litro	ein Liter
una botella	eine Flasche
un paquete	ein Paket
una docena	ein Dutzend
media docena	ein halbes Dutzend
una bolsa	eine Tüte
una caja	eine Kiste
una lata	eine Dose
un par	ein paar
una pareja	ein Paar
un trozo	ein Stück
el doble	das Doppelte
la mitad	die Hälfte
menos	weniger
más	mehr

Zusammen mit Dingen wird **de** *(von) eingeschoben:* **una botella de vino** *– eine Flasche Wein,* **un paquete de mantequilla** *– ein Päckchen Butter,* **un kilo de manzanas** *– ein Kilo Äpfel.*

Recetas

Selbst kochen auf Spanisch

GAZPACHO
(un litro)

Diese kalte Suppe, die auch verdünnt als Saft getrunken werden kann, ist typisch für Andalusien. Man genießt sie, vor allem im Sommer, als Vorspeise zum Mittag- oder Abendessen.

Esta sopa fría (o zumo de verduras) es típica de Andalucía. Se bebe, en verano, como entrada en las comidas o la cena.

Ingredientes:

5 tomates maduros
medio pepino
medio pimiento
3 dientes de ajo
200 ml aceite de oliva
una rebanada de pan
vinagre
sal, pimienta y pimentón.

Preparación:

Pelar los tomates, el pepino y el ajo. Cortar en trozos, batir bien todos los ingredientes en la batidora (junto con la sal, la pimienta y el pimentón), añadiendo vinagre al gusto, un poco de pan duro y agua hasta completar un litro. Servir bien frío.

© Archiv Turespaña

gazpacho, Andalucía

Zutaten:
5 sehr reife Tomaten
½ rohe Gurke
½ Paprika
3 Knoblauchzehen
200 ml kaltgepresstes Olivenöl
eine Scheibe Weißbrot
etwas Essig
Salz, Pfeffer und Paprikapulver.

Zubereitung:
Die Tomaten, Gurke und den Knoblauch schälen. Alles in Stücke schneiden und zusammen mit den Gewürzen in einem (starken) Mixer kleinhacken. Zum Abschluss noch mit ein wenig Essig abschmecken, das Brot hinzufügen und mit etwas Wasser zu einem Liter auffüllen. Die Suppe sollte sehr kalt serviert werden.

AJO BLANCO
(para 6 personas)

Weißer Knoblauch für 6 Personen

Dies ist ebenfalls eine kalte Suppe aus Andalusien, die als Vorspeise gegessen wird.

También una sopa fría de Andalucía, se toma como primer plato.

Ingredientes:

150 g de almendras crudas y peladas
2 dientes de ajo grandes
la miga de 4 panecillos
2 cucharadas soperas de vinagre
½ vaso de aceite de oliva, agua y sal.

Preparación:

Se pone la miga de pan en remojo con agua fría durante media hora. En la batidora se pone la miga de pan, el ajo, las almendras, el aceite y el vinagre. Se bate todo y después se echa la mezcla en una sopera, se añade sal y se mete en la nevera algo más de dos horas. Antes de servir se añade poco a poco agua muy fría para que quede más líquido (como el gazpacho).

Zutaten:
150 g geschälte Mandeln
2 große Knoblauchzehen
das Innere von 4 Brötchen
2 EL Essig
½ Glas kalt gepresstes Olivenöl, Wasser und Salz.

Zubereitung:
Zuerst wird das Brötcheninnere eine halbe Stunde in kaltem Wasser eingeweicht. Danach wird dies zusammen mit dem Knoblauch, den Mandeln, dem Olivenöl und dem Essig in einen Mixer getan und kräftig gemixt. Als nächstes kommt die Mischung für mindestens zwei Stunden in den Kühlschrank und wird kurz vor dem servieren mit ein wenig sehr kaltem Wasser verdünnt, bis sie die Konsistenz des Gazpacho erreicht.)

TORTILLA ESPAÑOLA

(para 2, 3 personas)

Spanische Tortilla für zwei bis drei Personen

La tortilla se come en toda España. De fácil preparación, es casi el „plato nacional", y se puede encontrar con variados ingredientes (por ejemplo: con champiñones, habas, chorizo, pimientos, etc.).

Die Tortilla wird in ganz Spanien gegessen. Weil sie auch noch einfach vorzubereiten ist, ist sie schon fast zum „Nationalgericht" geworden. Man kann sie als Abwandlung mit verschiedenen Zutaten verfeinern, z. B. Champignons, Bohnen, Paprikawurst, Paprika, etc.

Ingredientes:

5 huevos
5 patatas medianas
media cebolla
aceite
sal y pimienta.

Preparación:

Pelar y cortar en taquitos las patatas y la cebolla, batir bien los huevos. Freir, en una sartén (antiadherente), las patatas y la cebolla en mucho aceite, hasta que estén doradas. Retirar el aceite de la sartén y añadir, inmediatamente, los huevos batidos con sal y pimienta al gusto. Cocinar a fuego lento hasta que la tortilla esté dorada por sus dos lados.

Zutaten:
5 Eier
5 mittelgroße Kartoffeln
½ Zwiebel
Olivenöl zum braten
Pfeffer und Salz.

Zubereitung:
Die Kartoffeln und Zwiebeln schälen und in feine Scheiben schneiden, die Eier mit den Gewürzen in einer Schüssel schlagen. In einer antihaftbeschichteten Pfanne die Kartoffeln und Zwiebeln in viel Olivenöl braten bis sie leicht braun sind. Das übrige Olivenöl abgießen, schnell die geschlagenen Eier dazugießen und von beiden Seiten goldbraun werden lassen.

Kochvokabeln

cocinar	kochen (allgemeiner Ausdruck)
hervir	kochen
asar	braten (im Ofen)
freir	braten (in der Pfanne), frittieren
cocer en el horno	backen
aliñar	anmachen (Salat)
dorar / rehogar	dünsten
descongelar	auftauen
batir	schlagen
mezclar	mixen
batidora	Mixer
mortero	Mörser (wird auch zum Knoblauch pressen verwendet)
colar	abgießen
cortar	schneiden
picar	hacken
rodillo de cocina	Nudelholz
empanar	panieren
masa	Teig
amasar	kneten
congelado	tiefgefroren
tostar	toasten
hornear	überbacken
pan integral	Vollkornbrot
pasta integral	Vollkornnudeln
colador	Sieb
embudo	Trichter
tabla	Schneidebrett

Wörter, die weiterhelfen

Mit den folgenden Ausdrücken hat man das Wichtigste schon auf einen Blick:

Höflichkeitsfloskeln

¡(Muchas) gracias!	(Vielen) Dank./danke
por favor	bitte *(um etwas bitten)*
de nada	keine Ursache
¿Cómo?	Wie bitte?
¡Perdone!	Entschuldigung.
¿Qué ha dicho?	Was haben Sie gesagt?
sí – no	ja – nein
a lo mejor	vielleicht
no (lo) sé	ich weiß nicht

Die wichtigsten Fragen

Dónde está/están ... ?	Wo ist/ sind ... ?
el restaurante	das Restaurant
los servicios	die Toiletten

Tiene usted ... ?	Haben Sie ... ?
comida vegetariana	vegetarisches Essen
la hora	die Uhrzeit
vino	Wein
cerveza	Bier
un cenicero	Aschenbecher

Abkürzungen

Abto.	Öffnungszeiten *(wörtl.: geöffnet)*
C/D	Herr/ Dame *(Klotür)*
D./ Dñ	Herr/ Dame
Sr./ Sra.	Herr/ Dame
Vd./ Vds.	Sie *(Höflichkeitsanrede Ez & Mz)*
I.V.A.	Mehrwertsteuer

Hinweisschilder

abierto	geöffnet
caja	Kasse
cerrado	geschlossen
completo	ausverkauft, voll
empujar	drücken
entrada	Eingang, Eintrittskarte
entrada libre	freier Eintritt
fumadores	Raucher
horario	Öffnungszeiten
libre	frei
no fumadores	Nichtraucher
no tocar	nicht berühren
ocupado	besetzt
prohibido fumar	rauchen verboten
venta	Verkauf
salida	Ausgang
salida de emergencia	Notausgang
se vende	zu verkaufen
servicios	Toiletten
tirar	ziehen

Zahlen, zählen, Zeitangaben

Grundzahlen

0	**cero**	10	**diez**
1	**uno**	11	**once**
2	**dos**	12	**doce**
3	**tres**	13	**trece**
4	**cuatro**	14	**catorce**
5	**cinco**	15	**quince**
6	**seis**	16	**dieciséis**
7	**siete**	17	**diecisiete**
8	**ocho**	18	**dieciocho**
9	**nueve**	19	**diecinueve**

20	**veinte**	60	**sesenta**
30	**treinta**	70	**setenta**
40	**cuarenta**	80	**ochenta**
50	**cincuenta**	90	**noventa**

100	**cien(-to)**
200	**doscientos/-as**
300	**trescientos/-as**
400	**cuatrocientos/-as**
500	**quinientos/-as**
600	**seiscientos/-as**
700	**setecientos/-as**
800	**ochocientos/-as**
900	**novecientos/-as**

1000	**mil**
1001	**mil uno**
5000	**cinco mil**
10000	**diez mil**
100000	**ciento mil**
1000000	**un million**

Steht **ciento** *vor einem Hauptwort, wird es zu* **cien** *verkürzt. Beispiel: 100 Dosen =* **cien latas.** *In Verbindung mit männlichen Hauptwörtern enden die vollen Hunderterzahlen zwischen 200 und 900 mit* **-os,** *mit weiblichen Substantiven auf* **-as.** *Beispiel:* **doscientas naranjas** *=200 Orangen, aber* **docientos euros**.

Ordnungszahlen

primero	erster	**segundo**	zweiter
tercero	dritter	**cuarto**	vierter
quinto	fünfter	**sexto**	sechster
séptimo	siebter	**octavo**	achter
noveno	neunter	**décimo**	zehnter

Die Uhrzeit

Es la una	Es ist ein Uhr.
Son las dos	Es ist zwei Uhr.
Son las tres	Es ist drei Uhr.

Son las ...	Es ist ...
... tres y cinco	... fünf nach drei.
... tres y diez	... zehn nach drei.
... tres y cuarto	... viertel nach drei.
... tres y veinte	... zwanzig nach drei.
... tres y veinticinco	... fünf vor halb vier.
... tres y media	... halb vier.
... tres y treintaicinco	... fünf nach halb vier.

... cuatro menos veinte	... zwanzig vor vier.
... cuatro menos cuarto	... viertel vor vier.
... cuatro menos diez	... zehn vor vier.
... cautro menos cinco	... fünf vor vier.
Son las cuatro.	Es ist vier Uhr.

weitere Zeitangaben

dentro de poco	bald
antes	vorher
después	nachher
más tarde	später
demasiado pronto	zu früh
pronto	früh
damasiado tarde	zu spät
tarde	spät
hoy	heute
ayer	gestern
antes de ayer	gestern
siempre	immer
a veces	manchmal
nunca	nie, niemals
ahora	jetzt
mañana	morgen
pasado mañana	übermorgen
por la mañana	morgens
... tarde	nachmittags, abends
... noche	spätabends, nachts
al mediodía	mittags
muchas veces	oft
pocas veces	manchmal

todos los días	jeden Tag
hace poco	vor kurzem, kürzlich
primero	zuerst
últimamente	letztens, zuletzt

Wochentage

lunes	(l)	Montag
martes	(m)	Dienstag
miercolés	(x)	Mittwoch
jueves	(j)	Donnersag
viernes	(v)	Freitag
sábado	(s)	Samstag
domingo	(d)	Sonntag

Die Buchstaben in Klammern sind Abkürzungen, die oft verwendet werden, damit nicht das ganze Wort ausgeschrieben werden muss. (sehr hilfreich!)

Monate

enero	Januar	**febrero**	Februar
marzo	März	**abril**	April
mayo	Mai	**junio**	Juni
julio	Juli	**agosto**	August
septiembre	September	**octubre**	Oktober
noviembre	November	**diciembre**	Dezember

Jahreszeiten

primavera	Frühling
verano	Sommer
otoño	Herbst
invierno	Winter

Hauptwörter & Artikel

Wie im Deutschen gibt es bestimmte und unbestimmte Artikel, allerdings nur für die zwei Geschlechter: männlich *(m)* und weiblich *(w)*. Die Spanier unterscheiden die Geschlechter jedoch auch in der Mehrzahl. Die Artikel stehen vor den Hauptwörtern.

bestimmte Artikel

Einzahl	**el**	der	**la**	die
Mehrzahl	**los**	die	**las**	die

unbestimmte Artikel

Einzahl	**un**	ein	**una**	eine
Mehrzahl	**unos**	einige	**unas**	einige

Männliche Hauptwörter (Substantive) enden meist auf **-o, -r, -l, -n.**

el vino
der Wein

un vino
ein Wein

los vinos
die Weine

unos vinos
einige Weine

Weibliche Hauptwörter (Substantive) enden meist auf **-a, -d, -z** oder **-ión.**

la comida das Essen	**una comida** ein Essen
las comidas die Essen	**unas comidas** einige Essen

Hauptwörter auf **-e** können männlich oder weiblich sein:

la leche *(w)* die Milch	**el tomate** *(m)* die Tomate

Die Mehrzahl

Endet das Wort auf einen Vokal **(a, e, i, o, u),** dann wird **-s** angehängt, sonst **-es.**

naranja Orange	**naranjas** Orangen
jamón der Schinken	**jamones** die Schinken

Eigenschaftswörter

Eigenschaftswörter (Adjektive) richten sich in Geschlecht und Zahl nach dem Hauptwort, auf das sie sich beziehen. Es gibt zwei Gruppen:

Adjektive auf -**o** bilden eine weibliche Form auf -**a** und die Mehrzahlendungen lauten entsprechend -**os / -as**.

el plato pequeño
der kleine Teller

los platos pequeños
die kleinen Teller

la zanahoria pequeña
die kleine Möhre

las zanahorias pequeñas
die kleinen Möhren

Die übrigen Adjektive haben nur eine Form für männlich und weiblich und bilden die Mehrzahlform auf -**es**.

el restaurante azul
das blaue Restaurant

los restaurantes azules
die blauen Restaurants

la cafetería azul
das blaue Café

las cafeterías azules
die blauen Cafés

Steigern & Vergleichen

Dazu braucht man nur das Wort **más**, mehr, und um zu übertreiben die Endung **-ísimo**. In der Mehrzahl immer ein **-s** anhängen!

männlich

bueno	gut
más bueno	besser
el más bueno	der beste
buenísimo	unglaublich gut

weiblich

buena	gut
más buena	besser
la más buena	die beste
buenísima	unglaublich gut

Busco el restaurante el màs bueno.
bussko el resstaurante el mass bueno
(ich-)suche der Restaurant der beste
Ich suche das beste Restaurant.

Mit **más** kann man außerdem noch Vergleichssätze bilden:

La comida aquí está más buena que en casa.
la komida aki essta mass buena ke en kassa
die Essen hier ist mehr gut was in Haus
Das Essen hier ist besser als zu Hause.

Tätigkeitswörter

Die Grundform der spanischen Tätigkeitswörter (Verben) endet auf:

-ar	**reservar**	reservieren
-er	**comer**	essen
-ir	**vivir**	leben

Die Gegenwart aller regelmäßigen Verben bildet man durch Anhängen einer bestimmten Endung an den Stamm. Dabei gibt es kleine Unterschiede je nach Endung der Grundform. Persönliche Fürwörter sind nicht nötig, wir zählen sie beim ersten Verb jedoch in Klammern auf.

reservar (-ar)

(yo)	**reserv -o**	ich reserviere
(tu)	**reserv -as**	du reservierst
(ello/ella)	**reserv -a**	er/sie reserviert
nosotros	**reserv -amos**	wir reservieren
(vosotros)	**reserv -áis**	ihr reserviert
(ellos/ellas)	**reserv -an**	sie reservieren

comer (-er)

com-o	**com-emos**
com -es	**com-éis**
com -e	**com-en**

vivir (-ir)

viv-o	viv-imos
viv-es	viv-ís
viv-e	viv-en

Unregelmäßige Verben

Besonders häufig gebrauchte Verben schleifen sich mit der Zeit ab und machen Veränderungen durch, die nicht den üblichen Regeln entsprechen. Sie sollten sich die Gegenwartsformen der folgenden Wörter gut einprägen.

ir (gehen)

voy	vamos
vas	vais
va	van

tener (haben)

tengo	tenemos
tiene	tenéis
tienes	tienen

venir (kommen)

vengo	venimos
vienes	venís
viene	vienen

decir (sagen)

digo	decimos
dices	decís
dice	dicen

dar (geben)

doy	damos
das	dais
da	dan

poner (legen/stellen)

pongo	ponemos
pones	poneís
pone	ponen

Das Hilfsverb „sein"

Es gibt zwei Verben für das deutsche „sein".

estar

estoy	ich bin
estás	du bist
está	er/ sie ist
están	sie sind
estamos	wir sind
estáis	ihr seid

Es wird gebraucht für:

bestimmte Ortsangaben

La venta „Vargas“ está en la calle Ardilla, en San Fernando.
la wenta „Vargas“ essta en la kalje Ardilla en San Fernando
die venta „Vargas“ ist in die Straße Ardilla in San Fernando
Die Venta „Vargas“ ist in der Ardilla-Straße in San Fernando.

körperl. Befinden, Krankheit, Stimmung

Estoy lleno, gracias, pero mi compañero tiene hambre.
esstoi jeno graßiass pero mi kompanjero tjene ambre
bin voll, danke, aber mein Begleiter (er-)hat Hunger
Ich bin satt, danke, aber mein Freund hat Hunger.

vorübergehende Zustände

Estamos muy cansados: ¿Comemos fuera?
esstamoss mui kanssadoss. komemoss fuera
(wir-)sind sehr müde: essen(-wir) draußen
Wir sind sehr müde: Wollen wir nicht außer Haus essen?

ser

soy	ich bin	**somos**	wird sind
eres	du bist	**sois**	ihr seid
es	er / sie ist	**son**	sie sind

Man verwendet es bei:

Beruf, Religion, Nationalität

Ella es cocinera y yo soy camarero.
eja ess koßinera i jo ssoi kamarero
Sie ist Köchin und ich bin Kellner.

Identifikation und Herkunft

Yo soy Vincent, soy de Cartagena.
jo ssoi Vincent ssoi de Cartagena
Ich bin Vincent, ich komme aus Cartagena.

Este es mi novio/amigo/coche.
esste ess mi nowio/amigo/kotsche
Dies ist mein Verlobter/ Freund/ Auto.

Charaktereigenschaften (auch Farben etc.)

La camarera es muy divertida.
la kamarera ess mui divertida
Die Kellnerin ist sehr lustig.

¡El mercado es maravilloso!, es verde y blanco!
el merkado ess marawijosso ess werde i blanko
Der Markt ist wunderbar, er ist grün und weiß!

Fragen & Auffordern

Alle Fragesätze beginnen mit einem umgedrehten Fragezeichen. Die Fragewörter, die nun folgen, haben alle einen Akzent.

Fragewörter

qué	was
quién	wer
cuál – cuáles	welche/-r – welche*(Mz)*
cómo	wie
por qué	warum
cuándo	wann
cuántos/-as	wie viele *(m/w)*
dónde	wo
de dónde	woher
adónde	wohin

Aufforderungen

venga	Kommen Sie!
tenga	Hier haben Sie!
diga(-me)	Sagen Sie (mir)!
haga(-me)	Machen Sie (mir)!
oiga(-me)	Hören Sie!
ponga(-me)	Stellen/ Legen Sie (mir)!
traiga (-me)	Bringen Sie (mir)!
tome	Nehmen Sie!
disculpe	Entschuldigen Sie!
perdone(-me)	Vergeben Sie (mir)!

Die häufigsten Aufforderungen werden leider von den unregelmäßigen Verben abgeleitet. Daher gebe ich nur die einfachste (die höflichste) Form, nämlich in der Sie-Anrede an. Spricht man mehrere Leute an, wird wie üblich einfach ein **-n** *angehängt. Zur Verneinung setzt man* **no** *davor. An einige dieser Wörter kann man* **-me** *anfügen, was „mir“ oder „mich“ bedeutet.*

Literaturempfehlungen

Wenn Sie Lust bekommen haben, sich noch intensiver mit der spanischen Küche zu befassen, können Sie sich aus den folgenden Büchern informieren:

En torno al vino,
Taller de editores: el Semenal, 1999.

De Tapas por Sevilla,
Publicaciones: el País, Sevilla 1998.

Simone Ortega, **1080 Recetas,**
Alianza Editorial, Madrid, 1999.

Wörterliste Deutsch – Spanisch

© Maja K. Kandzorra

Kneipenviertel, Logroño

Die folgende Wörterliste stellt einen kulinarischen Grundwortschatz dar.

A

Aal anguila
Abend noche
Abendessen cena
abgießen colar
alles todo
alt viejo
Ananas piña
anmachen (Salat) aliñar
Apfel manzana
Aprikose albaricoque
Artischocke alcachofa
Aschenbecher cenicero
Aubergine berenjena
auffüllen completar
auftauen descongelar
Ausgang salida

B

backen cocer en el horno
Bäckerei panadería
Banane plátano
bedienen atender
Besteck cubierto
bestellen pedir
bevorzugen preferir
Bier cerveza
billig barato
Birne pera
bisschen poco
bitter amargo
Blätterteig holjaldre
blau azul
Blumenkohl coliflor
Bohne judía/haba/alubia/habichuelo verde
braten asar/freir
brauchen necesitar
Briefmarke sello
Bries molleja
bringen traer
Brot pan
Brötchen panecillo/bollo
Brühe caldo
Brust pecho

C

Café cafetería/café

D

Deutschland alemania
Dorf pueblo
Dose lata
Drogerie drogería
dünsten dorar/rehogar
Dutzend docena

E

Ei huevo
Eigelb yema
einfach fácil
Eingang entrada
einladen invitar
Einladung invitación
Eintrittskarte entrada
Eintopf pote/potaje
(Speise-)Eis helado
Eis(-würfel) hielo
Eisdiele heladería
empfehlen recomendar
Ente pato
entschuldigen perdonar
Erbse guisante
Erdbeere fresa/fresón
Erdnuss cacahuete
essen comer
Essen comida
Essig vinagre

F

Fahrkarte billete
Fasan faisán
Fass barril
fehlen faltar
Feige higo/breva
Ferkel cochino
Fett grasa
fettig grasiento
fettarm bajo en calorias
Feuer fuego
finden encontrar
Fisch pescado
Fischgabel tenedor de pescado
Fischmesser cuchillo de pescado
Flasche botella
Fleisch carne
Flur pasillo
flüssig/Flüssigkeit líquido
Forelle trucha
Frau señora
Freund/-in amigo/-a
frisch fresco
frittieren freir
Frühling primavera
Frühstück desayuno
füllen rellenar
Füllung relleno

G

Garnele gamba
Gebäck pasteles
Gabel tenedor
Gans ganso
Gaumen paladar
geben dar
Geflügel aves
gehen ir
gelb amarillo
Gemüse verdura
geöffnet abierto
Gericht plato
geschält pelado
Geschirr platos
Geschmack gusto
geschlossen cerrado
Getränk bebida
Getreide cereales
Glas vaso
Goldbrasse dorada
Granatapfel granada
Grill gril/barbacoa
grillen asar a la parilla
groß grande
grün verde
grüßen saludar
Gurke pepino

H

Haar pelo
haben tener
hacken picar
Hahn gallo
Hähnchen pollo
Hähnchenbrust pechuga de pollo
Hai cazón/tiburón
Hälfte mitad
halbtrocken semiseco
Hammel carnero
Hase liebre
Haselnuss avellana
Haus casa
heiß caliente
Henne gallina

Herberge albergue
Herbst otoño
Herr señor
Herz corazón
Hirn seso
Hirsch ciervo
Honig miel
hören oir
Hummer cigala
Hummerzange tenaza de marisco
Hunger hambre

I

Innereien casquería
Insekt insecto/bicho

J

Jahr año
Jahrgang cosecha
Jakobsmuschel vieira
jung joven
Jungaal angula
Jugendherberge albergue juvenil

K

Kabeljau bacalao
Kaffee café
Kaktusfeige chumbo
Kalb ternera
kalt frío
Kaninchen conejo
Kaper alcaparra
Kartoffel patata
Käse queso
kaufen comprar
Kellner camarero
Keule pata
Kichererbse garbanzo
Kilo kilo
Kind niño/-a
Kiste caja
klein pequeño/-a
knabbern picar
kneten amasar
Knoblauch ajo
Koch/Köchin cocinero/-a
kochen cocinar/hervir
Kochschinken jamón de york
Kohlensäure gas
Kokos coco
kommen venir
Korken corcho
Kotelett chuleta
Krabbe quisquilla
Krebs cangrejo
Krug jarra
Kuchen bizcocho
Kuchengabel tenedor para dulces
Kunde cliente
Kürbis calabaza
Kürbiskern pipa de calabaza

L

Lachs salmón
Laden tienda
Lamm cordero
Languste langosta
leben vivir
Leben vida
Lebensmittel alimentos
Leber hígado
lecker rico
legen poner
Lende lomo
liebenswürdig amable
lieblich dulce
links izquierda
Linse lenteja
Liter litro
Löffel cuchara
Lorbeer laurel
Lupinenkern altramuz

M

machen hacer
Mais maíz
Mandel almendra
Mango mango
Mangold alcelga
Markt mercado
Meeresfrüchte marisco
Mehl harina
mehr más

Melone melón
Messer cuchillo
Metzger carnicero
Miesmuschel mejillón
Milch leche
Milchkaffee café con leche
Minze hierbabuena
Mischung mezcla
Mittag mediodía
Mittagessen comida/almuerzo
Mittagspause siesta
mixen mezclar
Mixer batidora
Möhre zanahoria
Morgen mañana
Mörser mortero
müde cansado/-a
Muschel almeja
Muskatnuss nuez moscada

N

Nachmittag tarde
Nachtisch postre
Natron bicarbonato
Neujahr año nuevo
Niere riñon
Nudel pasta
Nudelholz rodillo de cocina
Nüsse frutos secos

O

Obst fruta
Obstsalat macedonia (de fruta)
Ochsenschwanz rabo de toro
offen abierto
Olive aceituna
Olivenbaum olivo
Olivenöl aceite de oliva
Orange naranja
Oregano orégano
Ostern pascua

P

Paar pareja
Paket paquete
panieren empanar
Paprika pimiento
Paprikapulver pimientón
Petersilie perejil
Pfanne sartén
Pfeffer pimienta
Pferd caballo
Pfirsich melocotón
Pfoten mano/pata
Pilz seta
Pinienkern piñon
Pistazie pistacho
Pizza pizza
Popcorn palomitas
Porree puerro
Portion ración
Preis precio
Pudding natillas
Putenbrust pechuga de pavo

Q

Qualität calidad

R

Rebhuhn perdiz
Rechnung cuenta
rechts derecha
Reh corzo
reif maduro
Reis arroz
Reisender viajero
Restaurant restaurante
reservieren reservar
Rezept receta
Rind vaca
roh crudo
Rosmarin romero
Rost (vom Grill) parilla
rot rojo
Rotwein vino tinto
Rübe rábano
Rührei revuelto

S

Sache cosa
Sackbrasse, rote salmonete
Safran azafrán
Saft zumo
sagen decir
Salbei salvia
Sardelle boquerón
satt lleno
sauer agrio
Salat lechuga/ensalada
Salz sal
salzig salado
schälen pelar
scharf picante
Schaum espuma
Scheibe rebanada
Schinken jamón
schlagen batir
schlecht mal
Schlüssel llave
schmerzen doler
Schmerz dolor
Schneidebrett tabla
schneiden cortar
Schokolade chocolate
Scholle acedía
schulden deber
Schulden deuda
Schüssel fuente
schwer difícil
schwarz negro
Schwein cerdo
Schwertmuschel navaja
Seebrasse besugo
Seehecht merluza
Seeigel erizo de mar
Seekrake pulpo
Seekrebs bogavante
Seeteufel rape
Seezunge lenguado
Seife jabón
Seite lado
servieren servir
Serviette servilleta
Sherry jerez
Sieb colador
Silvester noche vieja
Sommer verano
Sonnenblumenkern pipa
Sonnenblumenöl aceite de girasol
Soße salsa
Spanien españa
Spargel espárrago
Speisekarte carta
Spinat espinaca
Stadt ciudad
Staudensellerie apio
Steinbutt cherne
Stück trozo
Stunde hora
suchen buscar
Supermarkt supermercado
Suppe sopa
Suppenkelle cucharón
Suppenteller plato sopero
süß dulce

T

Tabakladen estanco
Tagesmenü menú del día
tanzen bailar
Tasse taza
Taube paloma
Teelöffel cucharilla
Teig masa
Teller plato
teuer caro
Tunfisch atún/bonito
Thymian tomillo
tiefgefroren congelado
Tintenfischart calamar
Tintenfischart choco
Tintenfischart sepia
Tintenfischart, klein chipiron
Tisch mesa
Tischdecke mantel
Toast tostada
toasten tostar
Toilette servicio
Toilettenpapier papel higiénico
Tomate tomate
Topf olla/cazuela
Topflappen manopla

Trichter embudo
trinken beber
trocken seco
Truthahn pavo
Turteltaube tórtola
Tüte bolsa

U

überbacken hornear
Untertasse platillo

V

viel mucho
voll lleno
Vollkornbrot pan integral
Vollkornnudeln pasta integral
vorbereiten preparar
Vorspeise entrante/ entrada

W

Wachtel codorniz
wählen elegir
Walnuss nuez
Wasser agua
Wassermelone sandía
wehtun doler
Weihnachten navidad
Wein vino
Weinglas copa
Weinkeller bodega
Weintraube uva
weiß blanco
Weißwein vino blanco
Weißkohl repollo
wie como
wie viel cuanto
Wild venado
Wildschwein jabalí
Winter invierno
weniger menos
Wolfsbarsch lubina
Wurst embutido

Z

zahlen pagar
Zahn diente
Zeit tiempo
Ziege cabra
Zigaretten cigarrillos
Zigarettenautomat máquina de cigarrillos
Zigarettenpapier papel de fumar
Zimt canela
Zitrone limón
Zucchini calabacín
Zucker azucar
Zunge lengua
zusammen junto
Zutaten ingredientes
Zwiebel cebolla

Wörterliste Spanisch

Hier sind fast alle spanischen Wörter, die im Buch vorkommen, noch einmal in alphabetischer Reihenfolge aufgelistet. Die Zahlen hinter den Einträgen beziehen sich auf die Seiten, auf denen die Begriffe zu finden sind.

A

B

C

D

E

F

G

Die Autoren

Fernando Gallego Outón, 1975 in San Fernando (Cádiz)/ Spanien geboren, hat in der Universität von Cádiz Hispanistik und Literaturwissenschaften studiert. 1998 erwarb er zusätzlich die Zulassung zum Lehramt. Seit 1999 promoviert er an der Universität Bielefeld, arbeitet als Spanischlehrer und als Koch.

Maja Katharina Kandzorra, 1980 in Danzig geboren, lernte Spanisch, Spanien und „die Spanier" bei ihrem einjährigen Aufenthalt in Madrid kennen und lieben. Der Spaß am Kochen, Fotografieren und Sprachen wurde ihr wohl schon in die Wiege gelegt. Auf vielen Reisen konnte sie ihre Hobbies miteinander verbinden und produktiv umsetzen. Seit Anfang 2001 studiert sie Soziologie an der Uni Bielefeld.

Kauderwelsch

Hans-Jürgen Fründt

Spanisch Slang

das andere Spanisch

© Archiv Turespaña

Carnaval, Gran Canaria

Einleitung

Die lockere Sprache des Alltags

Im Gespräch

Anhang

Madrid

Vorwort

Vor ein paar Jahren kam ich nach Madrid, um für ein Jahr an der dortigen Universität zu studieren. Ich hatte bereits einige Jahre an verschiedenen Schulen und an der Uni Hamburg Spanisch gelernt, war also nicht ganz unvorbereitet. An einem der ersten Abende landete ich auf einer Geburtstagsparty. Der anfängliche sprachliche Elan verstummte allerdings recht schnell, denn ich bekam nicht allzu viel mit.

Als ich dies dem Gastgeber erzählte, meinte der: „Nicht aufregen! Du sprichst schon ganz ordentlich, aber irgendwie künstlich, so, als ob du eine Figur aus einem Lehrbuch wärst.“ Damit traf er den Nagel voll auf den Kopf! Bislang hatte ich ja nur Vokabeln und Grammatik gepaukt, aber nicht die Umgangssprache **español coloquial** oder den Straßenslang **argot** kennen gelernt.

Glücklicherweise gibt es seit Jahren an der Uni Madrid einen Kurs **español coloquial**. Das ist immerhin ein erster Versuch, die ausländischen Studenten auf die tatsächlich gesprochene Sprache einzustimmen. Denn wer schon etwas Spanisch spricht, wird zwar problemlos in jeder Bar Kontakte knüpfen können, aber überall wird man auf umgangssprachliche Äußerungen treffen, die im alltäglichen Sprachgebrauch fest verankert sind.

Estimados lectores, al leer este libro ruego tener lo siguiente en cuenta: Se sobreentiende que las expresiones utilizadas en este libro no corresponden a mi opinión. Esto se refiere en especial a palabras injuriosas u otras expresiones insultantes. No es mi intención ni pretendo que se utilicen y se disvulguen expresiones menospreciativas. La posibilidad de verse enfrentado por medio de películas, libros o simplemente en la calle a dichas expresiones me lleva a incluirlas ya que es necesario entender lo que se escucha. Esta selección no está completa.

Da die Spanier sehr lebhaft kommunizieren und oftmals mit „Händen und Füßen“ reden, ist es außerdem unerlässlich, die Gestik der Körpersprache zu kennen. In dieser Sammlung habe ich die wichtigsten und alltäglichsten (nicht immer feinen!) Ausdrücke zusammengetragen, damit das erste oder zweite Gespräch in Spanien nicht zu einem akademischen Diskurs, sondern zu einer lockeren Unterhaltung werden kann. Ein gehöriges Maß an Einfühlungsvermögen setze ich dabei natürlich voraus.

Die hier vorgestellten Ausdrücke beziehen sich in erster Linie auf die in Spanien gesprochene Alltagssprache. Lateinamerikanische Slang-Ausdrücke sind nicht besonders berücksichtigt, eine Übereinstimmung wäre reiner Zufall.

Außerdem bitte ich Sie bei der Lektüre dieses Buches Folgendes zu bedenken: Es ist selbstverständlich, dass die Ausdrücke in diesem Buch nichts mit meiner Einstellung zu tun haben. Das gilt besonders für Schimpfwörter und beleidigende Ausdrücke. Es liegt ausdrücklich nicht in meiner Absicht, dass die aufgeführten diskriminierenden Ausdrücke verwendet oder verbreitet werden. Ich habe sie aufgelistet, weil es sein kann, dass man ihnen begegnet (in Filmen, Büchern oder auf der Straße), und verstehen sollte man, was man hört. Diese Sammlung ist nicht vollständig.

Hinweise zur Benutzung

Diese Wort- und Phrasensammlung könnte man in zwei Teile gliedern: Es geht los mit typisch spanischen Ausdrücken, die Ihnen in bestimmten Situationen begegnen werden, z.B. an der Uni, in der Bar, im Straßenverkehr etc. Das sind nicht immer Slang-Ausdrücke.

Im zweiten Teil geht es dann um die echte Umgangssprache. Wiederum grob nach Situationen sortiert, aber Überschneidungen ließen sich nicht vermeiden. Zu diesem zweiten Teil möchte ich einiges anmerken.

Wissenschaftlich gesehen ist Slang eine „Low-Level-Sprache", die ausschließlich von unteren sozialen Schichten gesprochen wird, da ihnen die „Hochsprache" nicht geläufig ist. Ich verstehe Slang anders und zwar als die Sprache, die von den Leuten im alltäglichen Leben gesprochen wird, wenn man nicht auf Etikette achten muss. Da wimmelt es von „Spezialausdrücken" und „unfeinen" Wörtern. Gerade bei Letzteren ist es nötig, recht genau zu differenzieren. Auch bei uns kann ja z.B. das Wort „Scheißkerl" (je nach Situation und angesprochener Person) mal durchaus freundlich, mal höchst beleidigend sein. Auch werden sich zwei Männer an der Theke anderer Ausdrücke für Frauen bedienen, als dann, wenn eine Vertreterin des anderen Geschlechts zuhört.

Solange man in einer Gruppe diese Sprache versteht, hat sie auch ihre Berechtigung. Wenn man erst einmal die Grundregeln verstanden und sich in die Sprache eingehört hat, fällt es auch nicht mehr so schwer, sein Gegenüber zu verstehen.

Völlig vulgäre Ausdrücke sind durch ein „Bömbchen" 💣 gekennzeichnet.

Ich habe stets versucht, die deutsche Übersetzung der Ausdrücke auf dem gleichen Sprachlevel zu halten. Trotzdem ist bei der Anwendung manchmal Vorsicht geboten. Abwertende Ausdrücke und Beleidigungen sind eh nicht zum Gebrauch, sondern lediglich zum Verstehen aufgeführt (siehe hierzu auch Seite 10). In diesem Zusammenhang auch ein Zitat aus „Das Wörterbuch" von den Gebrüdern Grimm: „Ein Wörterbuch ist nicht dazu da, die Wörter zu verbergen, sondern um sie hervorzubringen".

Im Anhang dieses Buches sind alle Ausdrücke, die vorkommen, noch einmal stichwortartig und alphabetisch geordnet aufgelistet. Die Seitenzahl dahinter gibt an, wo das Wort erwähnt wird und demnach auch die Übersetzung bzw. Anwendung steht. Hört man z.B. den Ausdruck **un tubo de película,** findet man unter **tubo** und **película** die entsprechende Seite.

Ich habe mir zwar alle Mühe gegeben, doch dass dieses Buch vollständig ist, das will ich nicht behaupten. Aber es ist aktuell. Nur solche Ausdrücke habe ich aufgenommen, die heute gebräuchlich sind. Und dadurch unterscheidet sich dieses Bändchen sicherlich

Castellers, Cataluña

wohltuend von dicken, wissenschaftlichen Slang-Wörterbüchern.

Aber ich möchte dieses Buch erweitern und vor allen Dingen soll es aktuell bleiben. Dafür brauche ich Ihre Hilfe! Täglich entstehen neue Ausdrücke, andere werden altmodisch. Teilen Sie mir bitte weitere Redewendungen mit, die Sie auf Ihrer Reise hören. Schreiben Sie mir auch wo (in welcher Region Spaniens) Sie diese gehört haben. Für verwertete Ergänzungen zeigt sich der Verlag mit einem Freiexemplar der nächsten Auflage erkenntlich. Sie erreichen mich über die Verlagsadresse.

Po Mu Fásil

Allgemeines zum Thema spanischer Slang

Was ist eigentlich unter spanischem Slang zu verstehen? Eine verbindliche Antwort kann ich hier nicht geben, streiten sich doch schon Generationen von Wissenschaftlern über das Thema. In jedem Fall sind mehrere Begriffe, die die Umgangssprache charakterisieren zu finden. Da ist die Rede vom **español coloquial** (Umgangssprache), dem **argot** (ursprünglich mal die Gaunersprache, heute allgemeiner: Straßenslang) und dem **cheli**. Der letzte Begriff wird, wenn er denn in einem Wörterbuch überhaupt auftaucht, als „Sprache der Jugendlichen, speziell in Madrid" definiert.

Über all dem wacht eine altehrwürdige Instanz, die **Real Academia Española (R.A.E.).** Diese Akademie ist besetzt von meist in die Jahre gekommenen Literaten, die nun die spanische Sprache begutachten. Jedes Mitglied hat einen Platz inne, der mit einem Buchstaben des Alphabetes verbunden ist. Ab und zu liest man in der Zeitung, dass der „...angesehene Schriftsteller xy den Platz des Buchstaben z eingenommen hat, und nun über die Wörter, die mit z beginnen, wacht". Die **R.A.E.** publiziert regelmäßig ein offizielles Wörterbuch, das als sprachliche Norm gilt, das **Diccionario de la Real Academia Española**

(D.R.A.E.). Diese ehrwürdigen Herren sind gegenüber Neuerungen, (wen wundert's?) natürlich nicht sonderlich aufgeschlossen. So existieren unzählige Begriffe in der gesprochenen und geschriebenen Sprache, die von der **R.A.E.** nicht autorisiert sind.

Ein Beispiel: Der Ausdruck **hacer la cusqui**, auch von mir in diesem Büchlein vorgestellt, ist in dem wohl umfangreichsten Wörterbuch der spanischen Sprache, dem **Diccionario de Uso del Español** (Wörterbuch zum Gebrauch der spanischen Sprache) von María Moliner (2 Bände, insgesamt 3000 Seiten, einsprachig) zu finden mit der Anmerkung: **„no figura en el D.R.A.E."** (nicht im **D.R.A.E.** aufgeführt). Das heißt, dass die Herren diesen Begriff, der längst im alltäglichen Sprachgebrauch verankert ist, schlicht ignorieren.

Im Jahre des Herrn 2001 war es mal wieder soweit: Die **Real Academia** bewegte sich doch! Sie veröffentlichte die 22. Auflage ihres Wörterbuches. Lange werden sie gerungen haben um Neuerungen, Slang-Wörter (ob sie die alle überhaupt noch selbst verstehen?) oder Anglizismen. Um ganz genau zu sein: Stolze neun Jahre, denn die 21. Auflage datiert von 1992. Aber nun ist es passiert und man kann sich wieder zurücklehnen. Und so lassen sich jetzt auch Slang-Begriffe wie **canuto, gilipollas** oder **porro** (alle werden in diesem Büchlein erklärt) finden, aber auch übernommene Wörter wie **sandwich** oder **telefax**.

Und so lesen wir mit nicht geringem Erstaunen die feinen Unterschiede, die die **académicos** herausgefunden haben: **canuto** wird als **cigarillo de hachís o marihuana** definiert, während ein **porro** als, man achte auf die Feinheiten, **cigarillo de hachís o marihuana mezclado con tabaco** erkärt wird. Wenn das kein Fortschritt ist!

Was die Unterscheidung der oben erwähnten Begriffe angeht, kann das grob in folgenden Kategorien geschehen: **español coloquial** ist die Umgangssprache, die wohl jeder Mensch benutzt, deren Begriffe nicht immer fein sind, die aber meist schon im **D.R.A.E.** aufgenommen sind.

Der **argot** entwickelte sich aus der Gaunersprache der Unterwelt und hat sich im Laufe der Zeit mit deftigen Ausdrücken und vor allem mit Begriffen aus dem **caló**, der Sprache der **gitanos** angereichert.

Der Begriff **cheli** ist noch nicht so alt und beschreibt die Sprachwelt der jüngeren Menschen. Sie ist von **caló**-Ausdrücken, **argot**-Wörtern und vor allem von Ausdrücken aus dem Drogenmilieu durchsetzt. Darüber hinaus sind einige Wortneuschöpfungen entstanden.

Beispiele für Wort-Neuschöpfungen:

este cura *dieser Priester* ich
Priester (und damit die Religion) waren jahrhundertelang ein unantastbares Thema. Das hat sich nach dem Ende der Franco-Zeit drastisch geändert, so ist dieser Ausdruck auch als Protest zu verstehen.

menda lerenda	ich

menda steht in der 3. Person Einzahl und bedeutet ungefähr: meine Wenigkeit.
Der Zusatz **lerenda** ist nur ein Wortspiel.

Über **cheli** gibt es mittlerweile einige wissenschaftliche Abhandlungen, aber das wird ganz schnell ziemlich kopflastig, deshalb genug der Theorie. Tatsache ist, dass der Spanienbesucher ständig mit Begriffen konfrontiert wird, die er nur selten im Wörterbuch findet und so gut wie nie in der Schule oder an der Uni lernt.

Regionale Aussprache

Nicht eben leichter wird es für einen sprachlichen Neuling, einen Südspanier aus Andalusien zu verstehen. Andalusier haben die Angewohnheit, bei vielen Wörtern die letzten Silben zu verschlucken, oder, speziell bei Wörtern in der Mehrzahl, die ja durch Anhängen eines 's' gebildet werden, dieses 's' nur zu hauchen, so dass es kaum zu hören ist. Dieses gehauchte 's' ist darüber hinaus auch mitten in einem Wort zu hören, anstelle eines c, z oder s. Einige Beispiele:

un andalú
= ein Andalusier

hemo vito	*hemos visto*	wir haben gesehen
fásil	*fácil*	einfach
no esagere	*no exageres*	nun übertreib nicht
lo sapato	**los zapatos**	die Schuhe

Andalusier verschlucken beim Aussprechen meist das s und r...

detrá	*detrás*	hinter
vamo hasé	*vamos a hacer*	wir werden machen
dejá	*dejar*	(es) lassen

Eine andere Besonderheit ist ebenfalls in Andalusien zu hören. Speziell **gitanos** sprechen das s oft sehr hart aus, so dass es fast wie ein z klingt. Beispiel:

...sprechen ein z anstelle des s ...

Que coza ma rara
Que cosa más rara
Was für eine seltsame Sache

Eine letzte Auffälligkeit, die ebenfalls von den **gitanos** stammt:
Ein l wird oft wie ein r gesprochen. Beispiel:

...und lassen das l zum r werden.

mi arma ar zielo
mi alma al cielo
meine Seele zum Himmel

Eine Madrider Spezialität, die viele „Restspanier" nicht mögen:
Ein d am Wortende wird wie ein englisches th ausgesprochen. Beispiel:

la Ciudath Madrith
la ciudad Madrid
die Stadt Madrid

Damit erstmal genug, sonst verwirre ich Sie mehr als zu informieren. Zum Schluss möchte ich noch eine Warnung anmerken, die sich aus eigenem Erleben ergab. Benutzen Sie die genannten Slang-Begriffe nicht in Lateinamerika! Dort können sie eine völlig andere Bedeutung haben, die zu peinlichen, aber auch gefährlichen Situationen führen kann.

Folgendes passierte Susanne und mir während unser letzten Reise durch Mexiko: Wir kamen eines Abends in Mexiko-City von einem anstrengenden Tagesausflug ins Hotel zurück. Wir holten den Schlüssel an der Rezeption vom Portier ab. Der fragte uns, wie der Ausflug war. Ich sagte, dass er prima war, wir aber jetzt **hecho polvo** seien. Er bewahrte nur mühsam die Beherrschung und grinste: **„¿Cansados?"** (Müde?). Wir nickten. Da war es endgültig aus, und er lachte laut los. **Hecho polvo** heißt in Spanien „todmüde, kaputt sein". Was wir nicht wussten: In Lateinamerika bedeutet das auf die gleiche Art ausgesprochene **echo polvo** (wörtl.: ich werfe Pulver aus) bumsen, vögeln...

Ver- und Abkürzungen

In der spanischen Umgangssprache wird vieles respektlos abgekürzt. Manchmal entstehen dadurch Neuschöpfungen, oft kann man aber den Ursprung einer solchen Verballhornung noch erahnen. Sehr beliebt sind solche Abkürzungen bei Vornamen.

Chema	*José María*	**Pepe**	*José*
Marilú/Marisa	*María Luisa*	**Maite**	*María Teresa*
Fede	*Federico*	**Quico**	*Francisco*
Nacho	*Ignacio*	**Mamen**	*Carmen*
Gigi	*Miguel*	**Rafa**	*Rafael*
Paco	*Francisco*	**Maribel**	*María Isabel*
Lolo	*Manuel/Manolo*	**Tere**	*Teresa*

Auch im Alltagsleben trifft man häufig auf Abkürzungen, wie:

la propi	*la propina*	Trinkgeld
la moto	*la motocicleta*	Motorrad
la foto	*la fotografía*	Foto
la bici	*la bicicleta*	Fahrrad
la poli	*la policía*	Polizei
la comi	*la comisaría*	Polizeiwache
la mani	*la manifestación*	Demo
el corto	*el cortometraje*	Kurzfilm
la mili	*la milicia*	Militär

Weiterhin ist wichtig zu wissen, dass die Spanier meist recht schnell sprechen und sich im alltäglichen Sprachgebrauch Verschleifungen eingeschlichen haben. Dies drückt sich im Zusammenziehen von Wörtern oder ganzen Sätzen aus. Einige gängige Beispiele:

Mecagüen...
Me cago en (la leche de tu madre)
Ich scheiß auf ...

Ma gutao.
Me ha gustado.
Es hat mir ge fallen.

¡Ven pacá!
¡Ven para acá!
Komm her!

Nos na.
No es nada.
Das ist nichts, unwichtig.

¿Paqué?
¿Para qué?
Warum?

pal gato
para el gato
für die Katz'

pa na
para nada
für nichts

san comprao ...
se han comprado ...
sie haben sich ... gekauft

eso cas hecho
eso que has hecho
das, was du gemacht hast

¡Oche!
¡Oye!
Hör mal!

¿Paqué?
¿Para qué?
Warum?

Po mu fásil.
Pues, es muy fácil.
Also, das ist kinderleicht.

Ahora, que tío sa io ...
Ahora, que el tío se ha ido ...
Jetzt, wo dieser Typ abgehauen ist ...

Anglizismen

Besonders viele englische Begriffe aus dem Bereich der Technik sind mittlerweile hispanisiert worden, allerdings nicht alle: der Airbag wurde zu **almohadilla hinchable**.

clínes
= *(eng.) cleaners*

choviú (showview)	
bodi (Body)	**camping** (sprich: *kamping*)
champagnería	**clínes** (Papiertücher)
dancing	**fútbol** (auch: **fúlbol**)
hamburguesería	**klaxon** (Autohupe)
kleenes (Kleenex)	**parking**
poster	**pub** (sprich: *paf*)
té (Tee)	**ticket**
whiskería	**zapinear** (zapping)

Ein Trost(?): Was die Armada nicht geschafft hat, schafft die Sprache – langsam erobert Spanien doch noch die Britische Insel. Das **Diccionario de Oxford** listet mittlerweile 1000 Wörter auf, die ihren Ursprung im **castellano** haben. Vielleicht ergibt sich ja daraus irgendwann eine Art **castellanninglis.**

Hacer Dedo

Unterwegs in Spanien

Früher waren die Züge in Spanien langsam – sehr langsam sogar. Heute rast mit dem **AVE**, dem **Tren de Alta Velocidad Española,** einer der modernsten Hochgeschwindigkeitszüge Europas von Madrid nach Sevilla in knapp zwei Stunden. Auch sonst fahren flotte Züge, der **Talgo** mit Neigetechnik beispielsweise seit den 50er Jahren. In abgelegeneren Gebieten verkehrt vereinzelt noch ein Nahverkehrszug der **FEVE,** der **Ferrocarriles Españoles de Vía**

Estrecha. Da wären sie also noch, die guten alten langsamen Züge. In beinahe jedem Ort gibt es noch einen Busterminal von dem aus sowohl kleinste Dörfer als auch die nächste Großstadt angesteuert werden.

Busbahnhof = **estación de autobuses**

Autofahrer werden ein Verkehrsschild nicht kennen: ein Dreieck mit der Inschrift: **Ceda el paso** (Vorfahrt gewähren). Die Höchstgeschwindigkeit beträgt 90 km/h auf Nationalstraßen, 120 km/h auf Autobahnen. In den Städten setzt sich immer mehr ein neues Parksystem durch. Parkflächen sind durch blaue Linien markiert. Wer hier parken will, muss seine Parkzeit vorher abschätzen, und aus einem Automaten für diese Zeit ein Ticket ziehen. Die Zeit sollte nicht überschritten werden, es wird laufend kontrolliert. Das Ticket wird gut sichtbar hinter der Windschutzscheibe plaziert.

Parkplatz = **aparcamiento**

raca	Kiste	
ir a pata	auf Schusters Rappen	
buga	Kutsche	*wörtl.:*
quemar caucho	Stoff geben; brettern	*Gummi verbrennen*
bugata	Auto, (von Bugatti)	
escopeteado	Bleifuß fahren	
carro	Karre	*Karren*
grúa	Abschleppdienst	
el 4 ruedas	Kraftfahrzeug	*der Vierrädrige*
tubo	Metro	*Rohr*
renque	Zug	
topera	Metro	*Maulwurfhügel*
máquina	Motorrad	*Maschine*

den Finger machen	**hacer dedo**	trampen
Ziege	**cabra**	Motorrad
Eselin	**burra**	lahme Kiste (Motorrad)
Spitze, Dorn	**pica**	Kontrolleur im Zug
per Schuhbus	**en zapatobús**	zu Fuß

Santiago de Compostela

Für die Polizei gibt es die unterschiedlichsten Begriffe. Sie sollten jedoch verständlicherweise im Gespräch mit einem Polizisten niemals gebraucht werden.

Der **Guardia Civil** werden wegen ihrer grünen Uniform gerne naturnahe Namen gegeben, wie **aceitunas** (Oliven), **caimanes** (Kaimane), **sapos** (Kröten) oder **lagarto** (Echse).

Die **Policía Nacional** wird wegen der braunen Uniform **madero** (Holz) genannt, Verkehrspolizisten wegen der blauen Uniform **pitufo** (Schlumpf). Der **guripa** (Schutzmann oder Schupo) kommt von der **Guardia Municipal.**

Außerdem bleiben noch: **pasma** und **bofín** für Polente, **madam** und **piojo verde** (grüne Laus) für Bulle, **motoricón** Motorradbulle und **untar,** was sich mit schmieren oder bestechen übersetzen lässt.

Übrigens: Wenn Ihr Auto einmal so zugeparkt ist, dass Sie nicht wegfahren können, hilft nur eins: Solange gnadenlos auf die Hupe drücken, bis jemand aus der nächsten Bar gelaufen kommt und unter vielen **perdón** seinen Wagen wegfährt.

motoricón *ist abgeleitet von* **moto** *und* **maricón,** *was umgangssprachlich Schwuler bedeutet*

La Guita

Kohle, Zaster, Knete

Die folgenden Begriffe stehen für Kohle, Zaster, Knete:

guita	*Moneten*	
lata	*Blech*	
manteca	*Schmalz*	
parné	*Vermögen*	
pasta	*Teig*	
pastoja	*viel Teig*	
tela	*Stoff*	
pela	von **peseta**	
pasta gansa	*dicker Teig*	viel Geld
pela larga		viel Asche
estar seco	*trocken sein*	blank sein
volcado		abgebrannt
estar sin blanca		pleite sein
zumbar	*necken*	schnorren

Auch in Spanien zahlt man seit 2002 in Euro:
lerus = *Euro*
Beispiel:
Me ha costado 20 lerus
Das hat mich 20 Euro gekostet

Telefonieren

Telefonzelle = **cabina telefónica**

Estanco *sind Tabakläden, die auch Telefon- und Fahrkarten verkaufen.*

Wer von einer öffentlichen Telefonzelle ein Gespräch führen will, muss folgendes beachten: Man legt das Geld in die Einlegerinne und wählt die Nummer. Erst wenn der Teilnehmer sich meldet, fallen die Münzen durch. Mittlerweile erfreuen sich auch die Kartentelefone zunehmender Beliebtheit – das Risiko ist geringer, dass die Münzen verschluckt werden. Karten ab 10 Euro aufwärts gibt es bei der Post und in jedem **Estanco**-Laden. Der Teilnehmer meldet sich nicht mit Namen, sondern mit **Si** oder **Dígame,** was soviel wie „Sprechen Sie" heißt.

Telefon- und Faxnummern sind neunstellig und beginnen immer mit einer 9, Handynummern fangen mit einer 6 an.

Der Wählvorgang für ein Auslandsgespräch ist folgender: Zuerst 00 wählen, danach die Ländervorwahl (für Deutschland: 49, für Österreich: 43, für die Schweiz: 41) und dann die Ortsvorwahlnummer ohne Null wählen.

Handy, Internet und Co.

Auch nach Spanien kamen die neuen Medien mit Wucht, kaum ein Spanier läuft noch ohne **móvil** (Mobiltelefon) herum. Aber damit wären wir auch schon bei einem wichtigen Unterschied. Während in der deutschen Sprache überwiegend die Begriffe aus dem Englischen übernommen wurden, verhalten sich die Spanier darin zögerlicher. Ein Computer wird zum **ordenador** (Rechner), das Internet ist **la red** (das Netz). Auch eine Email drückt sich im Spanischen als das aus, was es im Wortsinn nun einmal ist, als „elektronische Post": el **correo electrónico.** Sprachliche Entgleisungen á la „Die Zuschauer haben gevotet, der winner heißt..." wird man in Spanien nicht finden. In der spanischen Sprache aber schon. Das muss erklärt werden.

Für Spanien und auch Lateinamerika kann eine ziemliche Resistenz gegen die vorschnelle Übernahme von englischen Begriffen festgestellt werden, aber deutlich lockerer gehen die Millionen in Nordamerika lebenden Latinos damit um. Dort wurde sehr wohl eine Mischung aus beiden Sprachen kreiert, das „Espanglish" oder „Spanglish". Für ursprünglich englische Begriffe aus der EDV-Welt, die ins Spanische transferiert wurden, etablierte sich ein eigener Begriff: „ciberspanglish".

Mehr zum Thema bei Kauderwelsch:

„Spanglish – das Spanisch der USA"
978-3-89416-478-2

Was heißt das nun? Die Sprache der EDV-Welt ist nun mal Englisch. Wie also gehen die Spanier damit um? Einiges wird übersetzt, weniges übernommen. Konkret bei Verben: Der Wortstamm wird beibehalten, und dann einfach wie im Spanischen konjugiert. Ein paar Beispiele:

Aus „to print" wurde **printear**
aus „delete" wurde **deletear**
aus „to surf" wurde **surfear**
aus „click" wurde **clickear** oder **cliquear**
aus „to link" wurde **linkear**

Einige richtige Slangbegriffe haben sich aber auch schon gebildet:

ordenata	Computer (von **ordenador**)
ordeñador	Computer (von **ordenador**) (wörtlich: Melker, aber auch Wichser)
emilio	Email
toquear	SMS schicken
dar un toke	eine SMS schicken
navegar por la red	durchs Netz navigieren = im Internet surfen
ladrillo	Ziegel = ein veraltetes, zumeist größeres und schweres Handy
tostar un CD	eine CD rösten/toasten = eine CD brennen
planchar un CD	eine CD bügeln = eine CD brennen
piratear	eine illegale Kopie ziehen

A Barullo

Einkaufen

Geschäfte haben in Spanien völlig andere Öffnungszeiten als in Deutschland. Meist sind sie von 9-14 Uhr und von 17-20 Uhr geöffnet. Abweichungen hiervon gibt es besonders nach hinten, denn festgelegte Ladenschlusszeiten existieren nicht. Größere Kaufhäuser haben durchgehend auf. Auch am Samstag sind viele Geschäfte den ganzen Tag über geöffnet, am Sonntag sind zumindest kleinere Läden für kurze Zeiten auf, meist nach dem Kirchgang oder am späten Nachmittag.

Wer in einem Kaufhaus weniger als 10 Artikel kauft, stellt sich bei der **caja rápida**, der schnellen Kasse an.

Die meisten Preise sind incl. Mehrwertsteuer. In manchen Hotels wird aber nur der (günstigere) Nettopreis genannt und recht klein hinzugefügt: „**7 % I.V.A. no incluido**“, also die Mehrwertsteuer kommt noch auf den Preis drauf.

I.V.A. = impuesto sobre el valor añadido

burrear	feilschen, handeln
apiolar	nehmen, packen
mercar	kaufen
quinar	kaufen
pillar	nehmen
porrón	verdammt viel
aforar	Wert abschätzen

pillar
= *(wörtl.) plündern*

weich	**mollar**	toll, klasse, prima Qualität
Streifen	**la tira**	'ne Menge
	a barullo	im Überfluss
	alares	Hose
Nachahmung	**calcos**	Schuhe
	tachines	Treter, Latschen
	jupata	Jacke
	fili	Hosentasche
	harapos	Lumpen, Fetzen
	andar hecho un harapo	schlampig angezogen sein
	muy bien puesto	gut gekleidet
	fardo	schnieke, pikfein
	fardar	protzen mit schicken Klamotten

Menuda chaqueta se ha mercao el tío.
Der Typ hat sich vielleicht 'ne Kutte gekauft. (sowohl ironisch als auch bewundernd)

menudo = *was für ein/e; winzig*

vaya chaqueta
dufte Kluft (ironisch)

vaya = *Subjunktiv von* **ir**

de marca nisupo
der Marke „nicht mal seine verdammte Hurenmutter kennt sie"
Kleidung & Schuhe von Billigmarken

nisupo = ni su puta madre lo conoce

Ponerse las Botas

Rund ums Essen

In Spanien wird ziemlich spät gegessen, mittags zwischen 14 und 15 Uhr, abends nie vor 20 Uhr, meist zwischen 21 und 22 Uhr. Wer zwischendurch etwas naschen will, findet immer eine Bar, wo man eine **tapa**, eine Kleinigkeit, oder einen **bocadillo**, so etwas wie ein Baguette, bekommt. **Tapas** gibt es in unzähligen Varianten, sie bestehen meist aus einem Stückchen Meterbrot, auf dem eine Olive, Sardelle, ein Ei, ein Stückchen Wurst oder, oder, oder aufgespießt ist.

Unter einer **bar** darf man sich keinen Nachtclub oder ähnliches vorstellen, sondern mehr eine Mischung aus Eckkneipe und Kaffeehaus. Die Einrichtung ist schlicht, die Gäste drängeln sich am Tresen. Sie halten sich meist nicht lange in einer Bar auf, so dass die wenigen Sitzplätze selten in Anspruch genommen werden.

Unter einer **cafetería** darf sich wiederum kein stilvolles Kaffeehaus vorgestellt werden, in dem Kellner Tabletts mit Kaffee und Cognac durch rauchgeschwängerte Luft balancieren. Eine Cafetería ist ein schlicht eingerichteter Laden mit endlos langem Tresen, wenigen Tischen und einem meist ununterbrochen laufenden Fernseher. Somit unterscheidet sie sich von einer Bar eigentlich nur durch andere Öffnungszeiten; eine Bar öffnet und schließt später.

Wichtig zu wissen ist, dass in beiden Lokalitäten jeweils unterschiedliche Preise existieren, die auf der Speisekarte unter **barra** (Tresen) und **mesa** (Tisch) verzeichnet sind. Die Preise für **mesa** sind höher, deshalb drängelt jederman am Tresen.

Wer dort steht und etwas von den verlockenden Leckereien probieren möchte, die unter Glas zu sehen sind, bestelle einfach **una tapa** von dem Gewünschten. Wer eine größere Menge möchte, bestelle **una ración**, dann bekommt man einen größeren Teller vorgesetzt.

Sich einfach an einen Tisch zu einem anderen Gast setzen wäre unhöflich, meist regelt der Kellner das Problem. Getrennte Rechnungen sind unüblich, einer bezahlt für alle, und jeder gibt so viel hinzu, wie er meint, verzehrt zu haben.

Wer seine Mahlzeit preiswert gestalten will, der bestellt **menú del día**, das Tagesgericht, oder **plato del día**, den Tagesteller. In den ursprünglichen **bars** und **tascas** bekommt der Gast zu seinem Bier oder **vino** immer eine **tapa** kostenlos dazugestellt. Auf diese Weise kann man sich auch durchfuttern. Diese gute alte Sitte stammt aus der Zeit, als die Wirte dem Gast einen kleinen Teller auf das Bier- oder Weinglas stellten, damit keine Fliegen hineinfallen konnten. Freundliche Wirte legten schon mal eine Olive oder Sardelle auf diese Teller. So entstand recht schnell die Sitte, dass dem Gast grundsätzlich eine Kleinigkeit, **aperitivo** oder **tapa** genannt zum Bier oder Wein dazugestellt wurde.

Die folgenden Ausdrücke werden rund ums Essen verwendet:

chascar	mampfen
manducar	futtern
jalar	verschlingen
papear	futtern
jamar	verdrücken
zampar	schlingen
engullir	fressen
ponerse morao	sich vollschlagen
gusa	Hunger
galufo, garrufo	mieser Fraß
ponerse	reichlich
como un quico	futtern und trinken
ponerse las botas	bis zum Überfluss schlemmen
llenarse la barriga	den Bauch vollschlagen
tener el estómago en los piés	der Magen hängt in den Kniekehlen

wörtl.: mit der Zunge schnalzen

quico *von* **Francisco**
wörtl.:die Stiefel anziehen

Essbares

bikini	**bocadillo** mit Käse und Kochschinken
flauta	extra großer **bocadillo**
pepito	**bocadillo** mit Fleisch
montao	**bocadillo** mit Schinken oder Lendenstück vom Rind oder Schwein

Flöte

	lomo	Lendenstück vom Rind oder Schwein
wörtl.: Geige	**violín**	**bocadillo,** extrem lang
	bocata	Verballhornung von **bocadillo**
	alcagüete	**cacahuetes** (Erdnüsse)
	andorga	Bauch, Pansen
	gallinejas	Schweinebauch
	panchitos	salzige Erdnüsse, bekommt man oft in Bars als **tapa**
	choquitos	kleine, fritierte Tintenfische
pincho = *Stachel*	**pincho de tortilla**	ein Stückchen **tortilla**
	tapiñar	durch **tascas** und **bars** ziehen und überall eine **tapa** verzehren

Und so bestellen Sie ...das Gewünschte: **¡Una de champi!**
Eine **tapa** fritierter Champignons!

Die Rechnung nennt man im Spaß **la dolorosa.**

¡Qué aproveche! Guten Appetit!

¡La dolorosa, por favor! Die Schmerzhafte, bitte!

Antwort des Kellners: **¡No, no duele para nada!**
Nein, die tut nicht weh!

Estar en Vela

Durch Bars, Tascas & Tabernas

Das Durch-die-Kneipen-Ziehen ist fast ein spanischer Volkssport, **chateo** genannt (ein kleines Gläschen – meist Wein – trinken) oder auch **tapeo** (ein paar Tapas naschen). Sie ziehen durch die Läden, trinken überall ein schnelles Gläschen und weiter geht's. Am frühen Abend, kurz vor dem Essen, ist die ganze Familie unterwegs. Die Mütter flanieren mit den älteren Töchtern über die Haupteinkaufsstraßen, während die Väter und die älteren Söhne in ihren jeweiligen Bars den neusten Fußballklatsch austauschen. Nach dem Essen geht es dann richtig los, oft genug bis in den nächsten Morgen hinein. Ein Spanier zieht sehr selten alleine los, eine Spanierin niemals. Das nennt man denn auch konsequent **copeo,** auf ein paar **copas** (Gläser mit härteren Drinks) ausgehen.

licha	Gasse (selten gebraucht)	
cuchitril	Absteige, mieses Hotel	*wörtl.: Schweinestall*
cerillero	Verkäufer von Tabak und einzelnen (!) Zigaretten in Bars	
pipera	Verkäuferin von **pipas** u. ä. in den Bars	**pipas** = *Sonnenblumenkerne*
echar una canita al aire	auf die Pauke hauen	

Estar en Vela

¡Nos tomamos unos vidrios!
wörtl.: Wir nehmen uns ein paar Gläser!
Lasst uns einen Trinken gehen!

vacilar con dos cervezas
mit 2 Bieren schwanken
2 bis 3 Bierchen zischen

¡Estuve de juerga!
Ich habe einen draufgemacht!

estar en vela
in der Nachtwache sein
die Nacht durchmachen

estar en vela

¡Nos hemos pasado la noche de rule!
Wir haben einen Zug durch die Gemeinde gemacht!

darse un bureo
einen draufmachen

hacer el viacrucis
den Kreuzweg machen
mit Freunden durch die Bars ziehen

echarse unos pelotazos
einige Drinks einwerfen

pasar la noche en blanco
durchmachen

pegarse contra una puerta
rausgeschmissen werden
wörtl.: gegen eine Tür laufen

desaparecer de escena
abhauen, verduften
von der Szene verschwinden

menear el esqueleto
einen abrocken, tanzen
das Skelett schütteln

aquí hay cuatro gatos
tote Hose, nichts los
hier sind vier Katzen

a tope
proppenvoll

¡Aquí hay una movida chunga!
Hier ist es beschissen!

¡Aquí hay mucha marcha!
Hier geht's richtig ab!

¡Es un sitio guay!
Das ist 'n prima Laden!

¡Es un sitio de puta madre!
Das ist ein affengeiler Laden!

Rund ums Trinken

	lozoya	Glas Wasser
	uno con leche	Kaffee mit Milch
	un cortado	Kaffee mit etwas Milch
	un solo	schwarzer Kaffee
	carajillo	Kaffee mit Schuss, meist Cognac
wörtl.: Schotte	**escocés**	Mischung aus Kaffee und Whisky
Ire	**irlandés**	Kaffee mit Whisky und Sahne
	birra	Bier
Lichtung	**clara**	Glas Bier mit Zitronenlimonade
Kurzer	**corto**	kleines Glas Bier
Halm	**caña**	Glas Bier
	jarra	Krug Bier
Fünftel	**quinto**	Fläschchen Bier
	botellín	Fläschchen Bier
	litrona	Einliterflasche Bier
von **cuba libre**	**cubata**	eigentlich Cola mit Rum, aber auch andere Mixgetränke werden so bezeichnet. Beispiel: **un cubata de ginebra** (mit Gin und Tonic)
flaches Weinglas	**chato**	Glas Wein
Kleiner	**chiquito**	kleines Glas Wein
	mollate	Rotwein
	calimocho	Mischung aus Cola und Wein
Schraubenzieher	**destornillador**	Mischung aus Wodka und Orangensaft
	raf	Coca Cola mit Gin
freier Roter	**rioja libre**	Coca Cola mit Wein

sol y sombra	Mischung aus Anis und Cognac	*Sonne und Schatten*
copichuela	Glas	
chispazo	ein Schlückchen	*Klatsch*
la penúltima copa	das vorletzte Glas, auf das noch eine ganze Reihe folgen kann	
soplar	schlucken	*wegblasen*
privar	zechen	*betäuben*
trincar	saufen	*trinken*
pimplar	zechen	
chatear	mit Freunden **chatos** trinken	**chatos** = *kleine Gläschen Wein*
achisparse	sich einen antrinken	
empinar el codo	regelmäßig zechen	*Ellenbogen heben*
estar tararí	beschwipst sein	
coger una chispa	beschwipst sein	*den Funken fassen*
agarrarla	besoffen sein	*sie (die* **Chispa** *z.B.) packen*
estar peneque	betrunken, bezecht sein	
engancharla	hängenbleiben	
mórdaga	Rausch	
cogorza	Rausch	
trompa	Rausch	*Brummkreisel*
pítima	Suff	
melopea	Besäufnis	
tener un melocotón	besoffen sein	*einen Pfirsich haben*
estar ciego	besoffen sein	*blind sein*
tener una merluza	besoffen sein	*einen Seehecht haben*
borrachera	Gelage	*Rausch*
francachela	Zechgelage	
juerga	Sauferei, Zechtour	
fudre	Besäufnis	
llorona	tristes Besäufnis	

und die Folgen

wörtl.:	**echar la pota**	kotzen
Brandung	**resaca**	Kater
Schläfrigkeit	**modorra**	Katzenjammer
der Kopf ist 'ne Bombe	**la cabeza hecha una bomba**	dicker Kopf
	me mareo	mir ist schwindelig
die **peseta** *wechseln*	**cambiar la peseta**	kotzen
	le entran bascas	ihm ist übel
	tengo ganas de vomitar	mir ist zum Kotzen
die Pillen auswerfen	**echar la pastilla**	göbeln
	vomitar	brechen, sich übergeben
werfen	**arrojar**	reihern

© Hans-Jürgen Fründt

Klo & so

Wer die Toilette sucht, fragt: **¿Dónde está el baño?** oder auch: **¿Por dónde están los servicios?** Hat man sie schließlich gefunden, liest man an der Herrentoilette entweder die Aufschrift **hombres** (Männer) oder vornehmer **caballeros** (Ritter oder Edelmann), während an der Tür zu den Damentoiletten einfach **señoras** (Damen) prangt.

Wer seinen Freunden mitteilen will, dass er/sie mal eben verschwinden muss, sagt: **Me voy al baño** („Ich gehe zum Bad", was in Spanien aber auch Klo bedeutet) oder **Voy a mear** (Ich gehe pinkeln).

mear	pinkeln	
hacer pipi	Pipi machen	
plantar la estaca	kacken	*den Pfahl pflanzen*
jiñar	scheißen	
caca	Scheiße	
flujo de vientre	flotter Otto	*Ausfluss des Bauches*
seguidillas	Durchmarsch, Dünnschiss	*spanischer Tanz im 3/4 Takt*
pedo	Pups	
cuesco	lauter Furz	*Kern*
peer	furzen	
largar pedos	pupsen	

noch farbigere Ausdrücke fürs Pupsen
cambiar el agua a las aceitunas
Wasser tauschen an den Oliven
cambiar el agua a las olivas
Wasser tauschen an den Oliven
cambiar el agua a las castañas
Wasser tauschen an den Kastanien
cambiar el agua al canario
Wasser auf Kanarische Art tauschen

Roca ist der größte Hersteller von Toilettenkeramiken

Señor Roca
Herr Roca
WC

tigre
Tiger
Kloschüssel

Yerba & Flora

Drogen

Spanien hat neben Holland die liberalsten Drogengesetze Europas. Es ist praktisch unmöglich nicht wahrzunehmen, dass in vielen Lokalen der Joint kreist, bzw. man in allen größeren Städten an den zentralen Plätzen angesprochen wird. Damit Sie hier ein wenig den Überblick bekommen, was man Ihnen jeweils andrehen will, nenne ich ein paar Beispiele der geläufigsten Begriffe.

wörtl.:	Zigarette	
Zylinderchen	**cilindrín**	Fluppe
Trillerpfeife	**pito**	Kippe
	plajo	Fluppe, Zichte

Der Zug aus einer Zigarette oder Joint wird **calada** oder **caladita** genannt.

Trotz aller Neugier, seien Sie sehr vorsichtig mit einem **camello** (Dealer), der oft selber abhängig ist.

Drogen allgemein	
flora	*Pflanze*
manteca	*Fett*
caca	*Scheiße*

„Tierische" Entzugserscheinungen	
mono	*Affe*
pava	*Truthahn*
estar con el mono	*auf dem Affen sein*

Joint	
porro	*Tölpel*
cachorro	*junger Hund*
canuto	*Röhre*
varillo	*Stäbchen*
flai	*von engl.* **fly**
yoi	*von* **Joint**
yerba	*Gras*
rama	*Zweig*
maría	*von* **Marihuana**

Tausend und ein Begriff mehr für Haschisch: **chocolate, costo, magra**. Marihuana wird **tila** (Linde) genannt, die die es rauchen: **grifota**.

LSD	
ajo	*Knoblauch*
lenteja	*Linsen*
estrellita	*Sternchen*

Das Härteste:
perico = *Heroin*

auf'm Trip sein	
estar colgado	*behängt sein*
estar enrollado	*eingerollt sein*
estar tirado	*lang sein*
estar pillado	*geplündert sein*

Gestik & Mimik

Die Spanier kommunizieren sehr lebhaft, reden quasi mit Händen und Füßen. Gesten gehören bei ihnen weit mehr zur Unterhaltung dazu als bei uns, daher ist es unumgänglich, die wichtigsten Zeichen zu kennen (und womöglich zu vermeiden).

Dazu gehören deutlich ausgeprägtere Handbewegungen, Gesten und eine andere Körpersprache. Hier ein paar Hinweise: Wer Leute beobachtet, die tief versunken in ein lebhaftes Gespräch durch die Straßen schlendern, wird schnell eine typische Haltung erkennen. Beide gehen sehr dicht zusammen, berichten einander ausführlich, beleuchten eine Sache von mehreren Seiten. Unterstrichen wird die jeweilige Aussage durch heftige Bewegungen des Armes und der Hände; jeder

Satz, jedes Wort wird regelrecht unterstrichen. Bei ganz besonders wichtigen Argumenten bremst der Sprecher sein Gegenüber, fasst ihn am Arm, stoppt ihn, dreht ihn förmlich zu sich, hält ihn fest und sagt mit dem ganzen Gewicht seiner Persönlichkeit was er zu sagen hat. Der andere soll doch bitte der Argumentation folgen, das Ganze wird mit deutlichen Armbewegungen untermalt, die Hand wandert auf und ab, markiert jedes Wort. Etwa nach jedem dritten Satz wird ein **¿Entiendes?** (Verstehst Du?) rhetorisch angehängt. Schließlich gibt er sein Gegenüber frei, nicht bevor er nach mehreren endlosen Pausen immer noch ein gewichtiges Argument nachgeliefert hat. So spazieren sie endlos langsam, stoppen alle paar Meter und reden aufeinander ein.

Nach fast jedem dritten Satz wird ein rhetorisches **¿entiendes?** *eingeworfen.*

Nicht umsonst gibt es in einigen Autobussen noch die Hinweisschilder, dass man während der Fahrt nicht mit dem Fahrer reden soll, **porque necesita las manos para conducir** (weil er die Hände zum Fahren braucht). Erkennt ein Angesprochener die Richtigkeit einer Aussage, oder bemerkt er urplötzlich eine neue Sache, schlägt er sich mit der flachen Hand an die Stirn. Das bedeutet: „Mensch, ja klar, hast recht, so ist es".

Der Schlag mit der flachen Hand auf die Stirn ist nicht mit dem deutschen: „Du bist ja bekloppt" zu verwechseln!

Winkt ein Spanier jemanden heran, glaubt ein Nordeuropäer oft, dass er wegbleiben soll. Das ist falsch und basiert auf einem Missverständnis. Die Spanier winken anders. Die Hand wird so gedreht, dass der Handrücken nach oben zeigt, die Finger nach unten. Nun wird die Hand ein paar mal heftig zum Körper geschlagen, das sieht in etwa so aus, wie eine abwehrende Geste bei uns, die sagen soll: „Bleib mir vom Leib!“ Gemeint ist aber: „Komm her!“

Ein interessantes Detail kann auch beim Zählen mit den Händen beobachtet werden. Wie zählt ein Deutscher? Er zählt: „Eins, zwei, drei, vier, fünf“ und streckt bei jeder genannten Zahl einen Finger hoch, beginnend mit dem Daumen, der kleine Finger ist der letzte, stimmt's? Wie zählt der Spanier? **„Uno, dos, tres, quatro“** und bei jeder Zahl berührt er mit dem Daumen einen Finger, beginnend mit dem kleinen Finger, bis er bei „vier“ den Zeigefinger erreicht. Dann sagt er **„cinco“** und schlägt leicht mit dem Zeigefinger gegen den Daumen.

Eine Geste können Sie ständig beobachten: den Handkorb. Die Finger einer Hand sind leicht gekrümmt, zeigen nach oben und werden leicht gegeneinander gestoßen. Das bedeutet nichts anderes als: viel.

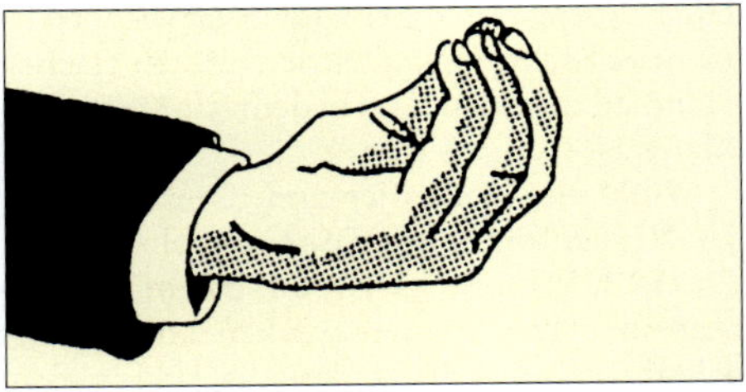

Zum Beispiel wird auf die Frage: „War gestern was los in der Disko?" geantwortet: **¡Así!** (= so!) und der Handkorb gezeigt. Das bedeutet dann: „Proppevoll!". Die Geste lässt sich auf alle möglichen Situationen übertragen, sei es, dass es sich um Geld, Autoverkehr, überlaufene Strände oder um einen Kneipenbesuch handelt.

Vorsicht vor der **cornudo**-Geste: Zeigefinger und kleiner Finger sind ausgestreckt, Mittel- und Ringfinger dabei gekrümmt. Diese Geste zeigt dem Gegenüber, dass er ein gehörnter Ehemann ist, dass seine Frau fremdgeht. Das ist eine heftige Beleidigung.

Eine andere Beleidigung ist das leichte Drehen des Zeigefingers an der Wange. Somit deuten Sie an, dass Sie den anderen für schwul halten. Da ein echter Macho dies nie zugeben würde, ist eine handfeste Reaktion gewiss.

Der Unterarmschlag bedeutet in Spanien Kraft und Potenz, wird also genau wie bei uns gebraucht. Das Zeichen ist eine eindeutig aggressive Geste, deshalb Vorsicht im Gebrauch.

Eine andere Geste kann weitaus harmloser eingesetzt werden: Der nach oben gestreckte Zeigefinger der rechten Hand, der auf Brusthöhe hin- und herbewegt wird, die Handfläche zeigt dabei nach vorn. Bedeutung: Eine Frage wird verneint.

Schnalzt man beim Fingerschwenken zusätzlich leicht mit der Zunge, ist die Ablehnung deutlicher. Die Geste kann auch als Warnung verwendet werden, eine geplante Handlung zu unterlassen. Dabei ist der Arm aber weiter vom Körper weggestreckt.

Yo Paso de Todo

Die lockere Sprache des Alltags

Hier jetzt eine Sammlung allgemeiner, lockerer Ausdrücke mit dem Versuch sie zu sortieren. Überschneidungen ließen sich aber nicht vermeiden.

Begrüßen

Von den üblichen Begrüßungsformeln gibt es zahllose Abweichungen.

¡Hola, buenas! statt: **buenas tardes**
Guten Abend!

¡Hola, muy buenas!	Guten Abend!	
¡Buen día!	Guten Tag!	*statt:* **buenos días**
¡Hola macho!	Hey, Kumpel!	*wörtl.: He, Männchen!*
¡Hola, pichi!	Hey, Alter!	
¿Qué tal?	Wie geht's?	
¿Qué me cuentas?	Was erzählst du mir (Neues)?	
¿Qué va?	Was gibt's?	
¿Qué hay?	Was ist los?	
¿Cómo va?	Wie läuft's?	
¿Qué pasa colega/ titi?	Was gibt's, Kumpel/Alter?	
¿Qué hay tú, tururú?	Was ist los, Mensch?	
¿Qué estás haciendo?	Was machst'n gerade?	
calderos	rumhängen	
¡Ven pa acá, chalao/ chaval!	Komm her, Alter/Kumpel!	
¡Aquí, mi hermano!	„Hier, mein Bruder!"	*So wird jemandem vorgestellt.*

Verabschieden

Auch hier wieder eine reiche Auswahl:

¡Hasta lueguito!	Bis neulich!	
¡'ta luogo!	Bis bald!	
¡Chao!	Tschüß!	
¡Hasta pronto!	Bis bald!	
¡venga!	Wir sehen uns.	*wörtl.: Kommen Sie!*
¡Chaocito hijito!	Tschüßchen Söhnchen!	
¡Qué te vaya muy bien!	Lass es dir gut gehen!	
¡Hasta la siega del pepino!	Auf Nimmerwiedersehen!	*Bis zur Gurkenernte*

© Archiv Turespaña

Carnaval, Tenerife

Halt die Klappe

Die hier genannten Ausdrücke klingen teilweise sehr drastisch, sind meist aber gar nicht so heftig gemeint und fließen ständig, quasi als Floskeln, in die Unterhaltung ein.

wörtl.:		
Schmeiß dich vom Motorrad!	**¡Tírate de la moto!**	Red keinen Mist!
Unmöglich, geh!	**¡Amos anda!**	Komm, hör auf!
	¡Amos, no tires pegotes!	Lass stecken!/ Übertreib nicht!
Kein Fußball und kein totes Kind!	**¡Ni fútbol ni que niño muerto!**	Vom Fußball will ich nichts mehr hören!
Nicht von der Perücke reden!	**¡Ni hablar del peluquín!**	Das kommt überhaupt nicht in Frage!
Fick mich nicht!	**¡No me jodas!**	Erzähl mir keinen Scheiß!
zerknüllen	**chafar**	jemanden zum Schweigen bringen
Fick dich nicht!	**¡No te jodas!**	Spinn' nicht rum!
	¡No digas chorradas!	Red' keinen Scheiß!

¡Qué rollo!	Was für eine langweilige Geschichte!	*Was für eine Rolle!*
¡Calla la boca!	Halt den Mund!	
¡Tú, tranquilo!	Du bist still!	
¡Tranqui tronco!	Bleib ruhig, Kumpel!	
¡Mutis!	Ruhe im Saal!	
polcata	Streit, Krach	
¡Corta el rollo, tío!	Sei ruhig, Alter!	*Kürz die Rolle,Onkel*
¡Achanta!	Klappe!/ Sei ruhig!	
¡Ni que niño muerto!	Davon will ich nichts mehr hören, basta!	*Und nicht einmal das to Kind!*
¡Cremallera!/		*Reißverschluss*
¡Cállate!	Halt die Klappe!	
¡Chanta el bistec!	Halt die Klappe!	*Verschling das Beefsteak!*
¡Echa el cierre!	Halt den Mund!	*Wirf den Verschluss!*
¿Tastotoque?	Biste blöde, oder was?	*von* **¿Estás tonto, o qué?**

Hau ab!

¡Aliguera!	Hau ab!
¡Descapulla!	Lass mich in Ruhe!
¡Vete al diablo!	Scher dich zum Teufel!

Verpiss dich!		
¡Vete a tomar por culo!		
¡Vete a la mierda!	*mierda =*	Scheiße
¡Vete al carajo!	*carajo =*	Penis
¡Vete a la porra!	*porra =*	Knüppel
¡Vete a hacer gárgaras!	*hacer gárgaras =* gurgeln	

¡Vete a freír monas!
Geh Affen braten!
Scher dich zum Teufel!/ Verpiss dich!

¡Haz una bandera!
Mach eine Flagge!
Schieb ab!

¡Amos vete al congo!
Geh zum Kongo!
Zieh Leine!

¡No me jeringues!
Spritz es mir nicht ein!
Lass mich in Ruhe!

¡No me jodas!
Fick mich nicht!
Erzähl mir kein' Scheiß!

abhauen

wörtl.: den Hintern verlieren	**perder el culo**	Hals über Kopf abhauen
	ir por la ventola	verduften, verschwinden
	najar	laufen, rennen
	ahuecar	abhauen
erleichtern	**aligerar**	weglaufen
	darse el zuri	flüchten, verduften
	¡Me las piro!	Ich verdufte!

Ärger machen, Ärger haben

Me quedo colgao.	Man hat mich hängen gelassen.	*Ich bleibe hängen.*
¡Me estoy cabreando!	Das wurmt mich!	*Das ärgert mich!*
hacerle polvo a uno/ hacerle la cusqui/ hacerle la puñeta	jemanden ärgern, nerven	*jmdn. zu Pulver machen* *jmdn. schädigen* *jmdn. wichsen*
darle leña a alguien	jemanden durchprügeln	*jmdm. Brennholz geben*
¡Te doy una hostia!	Ich knall dir eine!	*–Ich geb Dir eine Hostie!*
¿Atiquitipasa?	Geht's dir nicht gut?/ Willste Ärger?	*von* **A ti, ¿qué te pasa?**
Te han liao.	Die haben dich gelinkt.	
tragar bilis	den Ärger runterschlucken	*Galle schlucken*
hinchar/ jorobar	anmachen, belästigen	*aufblasen* *belästigen*
achantar	jmdn. einschüchtern	
acoquinarse	sich einschüchtern lassen	
echar un trepe	jemanden zusammenscheißen	
dar una leche	jmdm. eine reinhauen	*Milch geben*
echarle la bronca a alguien	jmdm. Ärger machen	
chinchar / chingar	belästigen	
endiñar a uno	jemanden bescheißen	
encabritarse	sich ärgern	*aufbäumen*
encabronarse	wütend werden	
incordiar	ärgern, nerven	
merengar	auf die Nerven gehen	

zerdrücken	**chafar**	verderben, den Spaß verderben
	cabreo	Wut, Zorn
	leñazo	Kloppe, Prügel
grau werden	**canear**	schlagen
	puñetería	beschissene Situation
	putada	miese, linke Aktion
lauern	**aciguatar**	festnehmen, jdn. schnappen
festmachen	**trincar**	festnehmen
Welche Rolle!	**¡Qué rollo!**	Was für ein Mist!
jmdm. die Kastanien geben	**dar la castaña a alguien**	jemanden prellen

Militär

hacer la mili *Militär machen* – Militärdienst ableisten
mercar el caqui *Khaki anziehen* – Militärdienst ableisten

Die Wehrpflicht wurde mittlerweile in Spanien abgeschafft. Die Begriffe sind daher für diejenigen, die erklären wollen, dass sie in ihrem Heimatland gerade den Militärdienst ableisten müssen.

Begreifen & Verstehen

Gerade bei den Slangbegriffen kann es vorkommen, dass Sie nichts verstehen und dem Gegenüber sagen müssen, dass er einen Ausdruck erklären soll:
¡Acláramelo! – Verklicker`es mir!

aclarar	verklickern	*wörtl.: aufklären*
chanar	verstehen	
enterarse	begreifen	*sich überzeugen*
diquelar	kapieren, spannen	
comer el coco	überreden, überzeugen	*die Kokosnuss essen*
¡Imagínate!	Stell dir mal vor!	
coscarse	wahrnehmen	
NPI	von **ni puta idea:**	
No tengo ni		
- puñetera idea./	Ich habe absolut keine	
- puta idea./	Ahnung./Ich habe nicht	
- zorra idea.	den leisesten Schimmer.	

Erstaunt sein

estar mosca	argwöhnen	*Fliege sein*
olerse la tostada	argwöhnen	*den Toast riechen*
¡Fíjate!	Stell dir vor!	
¡No me digas!	Sag bloß!	
¡Mírale!	Sieh an!	
¡Menos mal!	Glück gehabt!/ Zum Glück!/ Wenigstens etwas!	*weniger schlecht*
estar chafado	vor Überraschung sprachlos sein	*den Mund gestopft haben*
aturrullarse	in Verwirrung geraten	
¡Tiene cojones la cosa!	Das ist aber ein dickes Ei!	*die Sache hat Eier*
perder los papeles	die Fassung verlieren	*die Papiere verlieren*

Zustimmen

wörtl.: ist Gemüse, von:	**¡Legal!**	Das ist wahr!
es verdad –	**¡Es verdura!**	Das stimmt!
	¡Claro que sí!	Na logisch
Das ja!	**¡Eso sí!**	Das schon!
	¡Vale!	In Ordnung, O.K.!
Das sage ich!	**¡Eso digo yo!**	Das ist auch meine Meinung!
	¡Équili!	Ausruf der Zustimmung
	Mandacojones	Na gut, okay, machen wir
	¡Esto me mola!	Find ich gut!/ Das gefällt mir!
	Ademís que sí	Ja genau!

Ablehnen

	¡De eso nada!	Davon will ich nichts hören/ sehen!
	¡Qué va!	Hör auf!/ Lass stecken!
	¡Ca!	Ausruf der Ablehnung
Nasen	**¡Narices!**	Von wegen!/ Nicht mal im Traum!
	Esto me trae frito.	Das ist mir lästig.
Das klingelt nicht bei mir.	**Eso no me hace tilín.**	Das macht mich nicht an.
Das nimmt mir nicht die Überraschung.	**¡Eso no me pilla de sorpresa!**	Das lässt mich kalt!
	¡Napias!	Denkste!
	¡Ni hablar!	Kommt gar nicht in Frage!
Milch	**¡Leche!**	Donnerwetter!
Das ekelt mich an!	**¡Me fastidia!**	Das kotzt mich an!

¡Me joroba!	Das stinkt mir!	*Das belästigt mich!*
¡Qué bárbaro!	Ungeheuerlich!	*Wie barbarisch!*
¡Esto es una chorrada!	Das ist Blödsinn!	
¡Pa chasco!	Das fehlt noch!	
¡Nasti!	Nein!	
¡A tomar por culo!	Für'n Arsch!	
¡De esto nasti!	Nix da!	
¡No me mola!	Das passt mir nicht!	
¡P'al gato!	Für die Katz'!	
¡Ni carajo!	Im Leben nicht!	
¡A mi plin!	Das interessiert mich nicht!	
¡No me importa ni un pepino!	Das interessiert mich nicht die Bohne!	**pepino** = *Gurke*
¡No me importa ni un ríbano!	Das ist mir schnuppe!	**rábano** = *Rettich*
¡Ya decía yo!	Ich dachte es mir doch!	*wörtl.: sagte ich schon*
¡No me toques los cojones!	Leck mich am Arsch!/ Geh mir nicht auf'n Sack!	*Berühr meine Eier nicht!*
¡Naranjas de la China!	Eine unmögliche Sache!	*Orangen aus China*
¡Y luego me la chupa!	Und nachher bin ich der Dumme!	*Und hinterher lutsche ichs mir!*
¡Por los cojones!	Für'n Arsch!	**cojones** = *Eier, Hoden*
¡Naturaca!	Natürlich! (ironisch gemeint)	*von* **naturalmante**

egal

¡Da igual!
Ist egal!

¡Qué más da!
Was soll's!

¡Yo, qué sé!
Was weiß ich!

¡Qué sé yo!
Was weiß ich!

¡Da lo mismo!
Ist das gleiche!

Yo paso de todo.
Ist mir scheißegal!

¡Me la sudo!
Ich schwitz es aus.
Ist mir scheißegal!

Va de perilla.
Es läuft wie am Schnürchen.

Glück & Pech

tener chorra
Glück haben

de chiripa
zufällig

¡tenerla lisa!
Schwein gehabt!

chamba
Zufallstreffer

tener potra
ein Glückskind sein

gafar
Unglück bringen

© Hans-Jürgen Fründt

esbalar
ausgleiten
in die Kacke fassen

cenizo
Asche
Pechvogel

escoñar
verpatzen

Me han dado una vara.
Man hat mir eine Rute gegeben.
Man hat mir 'ne Lektion erteilt.

Le han birlao.
Man hat ihn beschissen.

meter la pata
in's Fettnäpfchen treten

columpiarse
sich schaukeln
sich bloßstellen

cola dura
harte Reihe
Blamage, Reinfall

Quasseln & Brabbeln

dar a la lengua
der Zunge geben
tratschen

echar una parrafada
ein Schwätzchen machen
quasseln

cotillear
klatschen

mascullar
murmeln

charrar
ausplappern

cotorrear
schnattern

desembuchar
ausplaudern, auspacken

chisme
Klatscherei
Gequassel

escupir
ausspucken
ausposaunen

rajar
spalten
motzen

palique
Quasselstrippe

delirar
spinnen

bacilar
prahlen

deliriar =
wörtl.: fiebern

wörtl.: phantasieren	**fantasmear**	auf die Tonne hauen
	puchar	labern
Mäuler	**bocazas**	Quasselstrippe
blöcken	**berrearse**	angeben
	chivato	Petzer, Spitzel
ihm auf die Zunge geben	**darle a la lengua**	ständig und viel quatschen
zum Papagei	**¡al loro!**	Alle mal herhören!
schwatzen	**chacharear**	sabbeln
	largar una barbaridad	mit einer Dummheit herausplatzen
das Haar nehmen	**tomar el pelo**	verarschen
die Perücke nehmen	**tomar la cabellera**	veräppeln
	chamullar	unverständlich brabbeln, radebrechen
	¡Me lo vas a decir a mí!	Mir brauchst du das nicht zu sagen!
	¡Te lo diré!	Das sag ich dir!

Klauen

birlar *kann auch: „jemanden um etwas prellen" bedeuten.*

arramblar	*anschwemmen*	stibitzen
mangar		mopsen
birlar		wegschnappen
nicabar	*trennen*	klauen
choricear		klauen
randar		stehlen
churimangar		klemmen
hurtar	*betrügen*	linken
guindar	*hinaufwinden*	angeln
volata		Langfinger
Limonero		Taschendieb
chorizo	*Paprikawurst*	Dieb

Schuften und Arbeiten

Eines der gängigsten Vorurteile das es gibt, sagt den Spaniern nach, dass sie die Arbeit nicht gerade erfunden hätten. Die Spanier haben notgedrungen ihren Arbeitsrythmus den Temperaturen angepasst. So wird im Allgemeinen von 9-14 Uhr gearbeitet, dann folgt während der heißesten Tageszeit die **siesta** und von 17-20 Uhr wird ein zweites Mal losgelegt.

In nicht wenigen spanischen Köpfen gilt immer noch derjenige als angesehener Mann, der existieren kann, ohne einem ersichtlichen Broterwerb nachzugehen. Der Ursprung dieser Einstellung liegt in früheren Jahrhunderten, als nur derjenige sich zum Kreis der Adligen zählen durfte, der nicht zu arbeiten brauchte. Wer dies doch musste, verlor all seine Privilegien. Deshalb versuchten viele verarmte klein-Adelige, den Lebemann vorzutäuschen, waren aber nichts anderes als **muertos de hambre:** Hungerleidende.

calzarse	einen Posten einnehmen	*wörtl.: anziehen*
chupar	nassauern	
currar	schuften, malochen	
dar el callo	hart arbeiten	*Schwielen geben*
ponerse las pilas	sich aufraffen	*Batterien einlegen*
dar cuartelillo	jemandem helfen	*Wachhaus geben*
camelar	in den Arsch kriechen	*einschmeicheln*
quedarse frito	müde, kaputt sein	*frittiert bleiben*
estar hecho polvo	total kaputt sein	*zu Pulver machen*

Das hat viel Tomate!	**¡Eso tiene mucho tomate!**	Das ist vielleicht kompliziert!
roh/ hart	**crudo**	schwierig
	Esto está tirao.	Das ist kinderleicht.
Hörner zerbrechen	**romperse los cuernos**	sich den Arsch aufreißen
	descornarse	hart arbeiten
blutig schlagen	**pringar**	sich abrackern
aufstemmen	**hincarla**	verbissen arbeiten
gebacken bleiben	**quedarse frito**	total kaputt sein
das Ohr bügeln	**planchar la oreja**	auf's Ohr hauen
die Spinne totschlagen	**matar la araña**	rumhängen
	trapichero	unsauberes Geschäft/ Schacherei
	guarrería	Pfusch, schlampige Arbeit
von **liquidación:** *Abrechnung,Auflösung*	**dar el lique**	rausgeschmissen werden
Geländer	**baranda**	Chef
	mandamás	Chef
	currante	Malocher
	hortera/ atlátere	Gehilfe
	manazas	Tölpel, einer mit zwei linken Händen
	librar	freien Tag haben
	forrarse	dumm und dämlich verdienen
	un rascacuartos	jmd., der überall seine Finger drin hat & mitverdient
	¡Mañana cojo dinero!	Morgen gibt's Kohle!
	¡Ese se curra el bar a tope!	Der Typ schmeißt den Laden!
	bacalada	Bestechung
Fett	**engrase**	Schmiergeld

Lernen und Studieren

Die Schulferien verteilen sich auf zwei Monate Sommerferien (meist vom 15. Juli bis 14. September). Unterricht wird auch nachmittags, oft sogar samstags abgehalten.

Es existiert ein anderes Notensystem, es werden Noten von 1 bis 10 vergeben, wobei 10 die beste erreichbare Note ist.

Vielfach werden noch Schuluniformen getragen, besonders an Privatschulen. Eingeführt wurde die Uniformierung der Schüler vom Diktator Franco. Sie sollte der Gleichheit der Schüler, wenigstens der Kleidung nach, dienen. Doch im Laufe der Zeit kehrte sich der Umstand ins Gegenteil. Die Schuluniform wurde zum Statussymbol. Da jede Schule ihre eigene Uniform besaß, konnte an der Schuluniform der Kinder der Status der Eltern abgelesen werden.

Fast an allen Schulen werden Uniformen getragen.

Das System der Universitäten ist ähnlich aufgebaut, bis auf das Tragen von Uniformen. Für jeden Kursus muss eine Studiengebühr bezahlt werden, die nicht unerheblich ist. Der Kursus läuft das ganze Studienjahr über, eine Einteilung nach Semestern gibt es nicht. Am Ende stehen schriftliche Prüfungen, wer besteht, darf im kommenden Jahr das nächst höhere Studienjahr besuchen. Viele Studenten gehen deshalb während des Jahres kaum zur Uni, und versuchen nur, am Ende des Studienjahres die Prüfung zu bestehen.

Die Universitäten in Spanien sind gebührenpflichtig!

von **catedrático**	**cátedro**	Pauker
wörtl.: Sieb	**coladero**	ein Dozent, bei dem man leicht die Prüfung besteht
	estradivarius	Streber
Kotelett	**chuleta**	Spickzettel
	tocho	Wälzer
	chapar	studieren
ausbrüten	**empollar**	büffeln
verschleißen	**desgastarse**	ernsthaft studieren
sich die Ellenbogen zerbrechen	**romperse los codos**	ernsthaft und viel lernen
sich die Wimpern verbrennen	**quemarse las pestañas**	ständig nachts lernen
einrollen	**enrollar**	sich auf etwas konzentrieren
unter die Hirnschale gehen	**ir de cráneo**	den Kopf voll haben
die Kokosnuss essen	**comerse el coco**	sich das Gehirn zermartern
eine Melone sein	**ser un melón**	dumm sein, nix verstehen
umwerfen	**tumbar**	eine Prüfung schmeißen
Brezel	**rosco**	Mangelhaft – eine Null im Examen
	repesca	Nachprüfung
Schlag	**cate**	b. d. Prüfung durchgefallen sein
	un empellón	ein Streber

© Hans-Jürgen Fründt

Körperteile

antenas	*Antennen*	Ohren
piños		Zähne
acais		Augen
picota	*Spitze*	Nase
clisos		Augen
coco	*Kokosnuss*	Kopf
bistec	*Beefsteak*	Zunge
cebolla	*Zwiebel*	Kopf
cachola	*Topf*	Kopf
careto	*Maske*	Gesicht
bola de billar	*Billardkugel*	Glatze
bastes		Finger
zarpa	*Klaue, Pfote*	Hand
pasamen		Beine
cachas		Beine
pinreles		Füße

Allgemeine Ausdrücke, alphabetisch

acojonar	(sich) einschüchtern lassen	
ahora mismo	jetzt gleich	
¡ajo y agua!	Augen zu und durch!	*von* **a joderse y aguantar**
andoba	Typ, Kerl	
bata	Mutter	
canguelo	Bammel	
carburar	klappen, funktionieren	*wörtl.: verkohlen*
chabolilla	Wohnung	*Hütte*
cheira	Messer	
¡Chorrada!	Quatsch!	

junges Tier	**chota**	Vertrauter, Freund
	choteo	Scherz, Spaß
	chuminada	Blödheit
	chungón	Spaßvogel
	chunguero	Witzbold
die zwei Entlein	**los dos patitos**	die Zahl 22
	enrollar	einwickeln, verwickelt sein
	estar en el culo del mundo	am Arsch der Welt sein
Bällchen machen	**hacer la pelotilla**	schmeicheln
	junar	sehen, Lage peilen
Papagei	**loro**	Radio
	machada	Heldentat
	mismamente	zum Beispiel
	a mogollón	verdammt viel
Affe	**mono**	kleines Kind
das hübsche Mädchen	**la niña bonita**	die Zahl 15, z. B. beim Bingo: *13, la niña bonita, 18*
Wöchnerin	**parida**	Dummheit
	pelmez	Schwerfälligkeit
	tacos	Jahre
	a porillo	tierisch viel
Schatz	**tesoro**	Himmel
...reizt mich	**Me provoca ...**	Ich hab' Bock auf ...
Hast du die Stunde?	**¿Tienes hora?**	Wie spät ist es?
	recañí	Fenster
der ganze Fischfang	**toa la pesca**	alles
Rolle	**rollo**	Geschichte, Verwicklung
	todo quisqui	alles zusammen
	sobado	ausgerutscht
	un purili	ein zerstreuter Mensch
	sobar	pennen, poofen
	¡Voy fijo fijo!	Ich komme 100%ig!

¡Es la Hostia!

Super, Spitze, Affengeil

Eine Liste mit Begriffen, die etwas Positives ausdrücken:

güai, güay	prima, klasse
supergüay	supergut
de aúpa	prima
chulo	cool
a base de bien	verdammt gut
macanudo	prima
¡Acojonante!	Irre!
¡Está de coño!	Das hat Stil!

wörtl.: Das hat Möse!

© Hans-Jürgen Fründt

vom Schnurrbart

de bigote	toll, großartig
mandacojones	super
¡Es cachondo!	Das ist geil, spaßig, witzig.
chachi	astrein
Es muy macho.	Das ist 'n dufter Typ.
demonio	beeindruckend
de campeonato	phänomenal
bárbaramente	enorm
Vacilamos cantidad.	Wir haben es uns gutgehen lassen.
bestial	stark, tierisch
chanchi	saugut
cojonudamente	verdammt gut
chupe	affengeil
fenomenal	fantastisch
pasarlo chanchi	sich toll amüsieren
morrocotudo	beeindruckend
pipa	*(Sonnenblumenkern)*

wunderbar

ñorda	saugut	*Scheiße*
divino	wunderbar, großartig	*göttlich*
pistonudo	ausgezeichnet	
virguero	sehr schön	
descojonante	riesig, kolossal	
tan ricamente	verdammt angenehm	*so ausgezeichnet*
despampanante	fabelhaft, fantastisch	
de buten	dufte, erstklassig	
de cojones	glänzend	*vom Hoden*
dabuti	erste Sahne, super	
de chipén	toll, großartig	*vom Leben*
¡Me enrolla cantidá!	Es gefällt mir total!	
mollar	klasse	*mager*
¡Es la hostia!	Das ist scharf!	*Das ist die Hostie!*
de pánico	enorm	*von der Panik*
cojonudo	toll	
pecholada	tolle, hübsche Sache	
de puta madre	geil, erste Sahne	*–von der Hurenmutter*
super-macamudo	super-geil	
de pistón	glänzend	*vom Kolben*

Cutre, Chorrada, Chaladura

Blöde & Beschissen

Im folgenden eine Liste von Begriffen, die eher etwas Negatives ausdrücken:

	cagarruta	Pleite, miese Sache
Rand	**borde**	unecht
	chungo	mies, ungeil
	alobado	dumm, albern
	movida chunga	miese Stimmung
Kohl	**berzas**	stumpfsinnig
	agilipollao	dumm, albern
	besugo	stumpfsinnig
eine Röhre von Film	**un tubo de película**	der Film ist 'ne Pleite
	chorra	beschränkt
	ful	falsch
	cenútrio	schwerfällig
	chungalí	etwas daneben
	grillado	verrückt
	chancho	schweinisch
	capullada	Quatsch
	tarado	idiotisch
	carajada	unwichtige Sache
	estar chalado	'ne Meise haben
	chaladura	Verrücktheit
	hortera	spießig
	chorrada	Unsinn, Blödsinn
grob	**grosero**	ballerig
eme = M = mierda	**¡Una eme!**	Eine Scheiße!

© Hans-Jürgen Fründt

petardo	schlechter als angenommen	
fulastre	stümperhaft	
Me cae gordo.	Das stinkt mir.	*wörtl.: (das) fällt mir dick*
guillado	halb verrückt	
litri	kitschig	
percebe	Dummkopf	
soso	langweilig	*schal*
tronado	verrückt	*elend*
tontolpijo	totaler Idiot	
cutre	spießig	

¡Coño, Leche, Jolines!

Kraftausddrücke

Hier gibt es ein paar Begriffe, die (in unterschiedlichste Formen abgewandelt) immer wieder auftauchen. Es sind Begriffe, die ihre eigentliche zotige Bedeutung verloren haben und die jeder Spanier ständig gebraucht, als Ausruf in allen nur denkbaren Situationen! Der schlagende Beweis für die allgemeine Akzeptanz eines Wortes wie z.B. **coño** (Fotze) lieferte die angesehenste Zeitung Spaniens **EL PAÍS.** Anlässlich der Verleihung des Literaturnobelpreises 1989 an C. J. Cela druckte sie eine Anzeige mit der Überschrift: **¡Por fin, coño!**

¡Por fin, coño!
= Na endlich, verdammt noch mal!

¡coño!, ¡coñe! wird oft als überraschter, verärgerter, freudiger, bewundernder Begriff gebraucht. Bedeutung ungefähr: verdammt, Scheiße, verflucht, Donnerwetter, nicht möglich, Klasse etc.

© Hans-Jürgen Fründt

en el quinto coño/ en el quinto pino	am Arsch der Welt	*wörtl.: an der fünften Fotze/ Pinie*
¡leche!, ¡leñe!	wird ähnlich gebraucht wie **coño**	*Milch*
¡Qué mala leche!	Was für ein schlechter Charakter! Was für ein mieser Typ!	**mala leche** *= schlechte Milch*
¡Qué mala uva!	gleiche Bedeutung wie die schlechte Milch	**mala uva** *= schlechteTraube*
¡joder!	der vielleicht am häufigsten gebrauchte Ausruf existiert auch in „weicheren" Versionen: **¡jo-er!, ¡jolín!, ¡jolines!, ¡jo!, ¡jope!, ¡joroba!**	*ficken*
¡hostia!	wird ähnlich oft wie **coño** oder **joder** benutzt, meist als überraschter,verärgerter oder bewundernder Ausdruck. Abwandlungen von **hostia** im Sinne von „Donnerwetter": **¡hosti!, ¡hostias!, ¡la hostia!, ¡ostras!, ¡nardiez!**	*Hostie*

Ein anderer Ausruf, wird ebenfalls ständig gebraucht:

¡Me cago en la madre que te parió!
Ich scheiß auf die Mutter, die dich geboren hat!

Dieser wird noch in Abwandlungen benutzt:

mar *für* **madre**	**¡Me cago en la mar!**
puta madre = *hurende Mutter*	**¡Me cago en la puta madre!**
	¡Mecagüen (en la leche de tu madre)!
	¡Mecachis!
	¡Me cago en la leche (de tu madre)!
	¡La leche!
	¡Me cago en Dios!
hier: **diez** *für* **dios**	**¡Me cago en diez!**
	¡Mecachis en diez!
	¡O diez!
	¡Ele!

wörtl.: Salat	**¡Lechugas!**	Mist!/ Scheiße!
	¡Que mierda!	Was für eine Scheiße!
	¡Ñorda!	Scheiße!
	¡Que coñazo!	Was für'n Scheiß!
	¡Que moñazo!	Was für'n Mist!
	¡Caray!	Zum Teufel!
Schnecken	**¡Caracoles!**	Verdammt!
Korken	**¡Corcho!**	Verdammt!

Gilipollas

Schimpfworte & Beleidigungen

Hier kann wirklich nur eine Auswahl geboten werden. Es sind Begriffe, die Sie relativ häufig hören können, obwohl gerade in diesem Bereich die „Moden" schnell wechseln. Die Übersetzung kann nur eine ungefähre Annäherung an das Sprachniveau geben.

für Männer

asqueroso	Widerling	*wörtl.: widerlich*
capullo	Neuling, Rotarsch	
basca	Pack	*Übelkeit*
carapijo	Tölpel	
baturro	Tölpel	
chorizo	Gauner	*Paprikawurst*
bocazas	Plappermaul	
boceras	Großmaul	
cabrón	Saukerl	*Ziegenbock*
cabroncete	Scheißkerl	
cabronzuelo	Arschloch	
calzonazo	Pantoffelheld	
chorra	Dummkopf	
chulapo	Flegel	
chulo	Flegel, Angeber	
cocazas	Großmaul	
cuchara	Priester	*Löffel*
palurdo	Landei	

	debilucho	Weichei
lügnerisch	**embustero**	Angeber
	gaché	Kerl
	gamberro	Flegel
	haragán	fauler Sack
	giliflautas	Idiot
	hideputa	Hurensohn
	gilipichas	Blödmann
Engländer	**hijo de la gran Bretaña**	Hurensohn
	gilipollas	Idiot, Blödmann, Arschloch
Sohn des Übels	**hijo de mala**	Hurensohn
	gilitonto	Arschloch
	hijo de puta	Hurensohn
	golferas	Strolch

hortera	Möchtegern-**pijo**	
lameculos	Arschlecker	
pasotas	Freaks	
majadero	Einfaltspinsel	*dumm*
pendejo	Schlappschwanz	
mamón	Knilch	
petardo	miese Type	
mamerto	Blödmann	
pijo	Söhnchen reicher Eltern	
mangui	Strolch, Gauner	
pillastre	Schurke	
merchero	Penner	*Kaufmann*
pindongo	Herumtreiber	
merdellón	Dreckskerl	
puerco	Schweinehund	*Schwein*
mochales	bekloppt sein	
puñetero	Dreckskerl	
narizetas	Nasenbär	
quinqui	unzuverlässiger Kerl	
pajolero	Störenfried	
repajolero	verdammter Kerl	
panoli	Einfaltspinsel	
tacaño	Geizhals	
pardillo	Hänfling	
pavo	Trottel	

für Frauen

furcia	Nutte, Schlampe	
vieja carroña	altes Aas	
pechugona	dralles Weib	**pecho** = *Busen*
vieja carroza *alte Karre*	alte Schachtel	
pendona	Flittchen	

für Homosexuelle

machorra
= unfruchtbares Weib

redondo
= abgerundet

Lesbe	
bollera	chica entendida
machorra 💣	tortillera

Bisexueller	redondo

Schwuler	
del otro barrio	*aus dem anderen Viertel*
moña	*Haarschleife*
bardaje	*Schwuler, der sich prostituiert*
bujarrón 💣	*Arschficker, Päderast*
canco	*Blumentopf*
chapero	
culero 💣	*Arschficker*
jibia	*ein bestimmter Tintenfisch*
maricón/maricona	*warmer Bruder*
sarasa	*(femininer) Schwuler*

El Rastro, Madrid

für Ausländer & Minderheiten

Die hier genannten Begriffe sollen (wie auch die Vorgenannten) nur zum Verstehen aufgelistet sein. Benutzen Sie sie möglichst überhaupt nicht, auch wenn viele Wörter in Spanien fast schon zum alltäglichen Sprachgebrauch gehören. Es sind und bleiben Schimpfwörter.

anglicón	Engländer	*wörtl.:*
moro	Araber	*Maure*
baturro	jemand aus Aragón	*dickköpfig*
payo	Nicht-Gitano	*Bauerntölpel*
boquerón	jemand aus Málaga	*Sardelle*
polaco	Katalane	*Pole*
cabeza cuadrada	Deutscher	*Quadratschädel*
guiri	jeder Ausländer/ Tourist	
calorro	Gitanos	*Farbige*
catalino	Katalane	
italianini	Italiener	
sudaca	Südamerikaner	
los del foro	Madrider	*die vom Forum*
madriles/chulapo	Madrider	
bolo	jemand aus Toledo	
pucelano	jemand aus Valladolid	*Kegel*
cazurro	jemand aus León	*Kratersand*
maño	jemand aus Aragón	*trübsinnig, verschlossen*
caballas	jemand aus Ceuta	
gabacho	Franzose	
charnego	Nicht-Katalanen, die zugewandert sind	*Makrelen; nur in Katalonien gebraucht*

wörtl.: Gote	**godo**	Spanier vom Festland; nur auf den Kanaren gebraucht
	maqueto	Spanier, die zugewandert sind; nur im Baskenland gebraucht
vom Dorf	**de la villa**	Madrider; nur in Andalusien gebraucht

Für Spanier, die aus Andalusien nach Madrid zugewandert sind, gibt es einige herablassende Begriffe, die sich auf deren Heimat **(la tierra)** beziehen:

aus Almería:	
la tierra de la legaña	*Augendreck*
la tierra del esparto	*Gras*
la tierra del pijo	*Gernegroß*
aus Granada:	
la tierra de la mala follá	*schlechtes Ficken*
la tierra del charico	*Pfütze*
aus Málaga:	
la tierra del boquerón	*Sardelle*
aus Córdoba:	
la tierra del cipote	*Trommelschlegel*
aus Jaén:	
la tierra del ronquío	*Schnarchen*
aus Andalusien:	
la tierra de María Santísima	*heiligste Maria*

No Me Vas

Zwischengeschlechtliches

Ein unendliches Thema! Gerade in Spanien der Nach-Franco-Ära hat sich auf diesem Gebiet einiges getan; zumindest die jüngeren Leute gehen viel liberaler miteinander um, als es noch ihre Eltern taten. Liebe und Sex waren noch vor einigen Jahren Tabuthemen, die Ehe war heilig. In den Großstädten sieht es heutzutage schon anders aus, in den Provinzen nicht unbedingt, und dort leben immer noch die meisten Spanier.

Verbotenes ist immer schon reizvoll gewesen, und in Spanien ist das nicht anders. Die Folge: eine Flut von Umschreibungen und Slang-Ausdrücken, die „das" Thema berühren. Hier eine Auswahl.

Seien Sie vorsichtig im Umgang mit den Begriffen. Einige Wörter sind recht zotig und können nicht in jeder Situation gebraucht werden, schon gar nicht gegenüber dem anderen Geschlecht.

Die deutsche Übersetzung soll das ungefähre Sprachniveau wiedergeben:

sie zu ihm

	cariño	Liebling
	No me vas.	Du gefällst mir nicht.
	Eres un coñazo.	Du bist ein Langweiler.
	¡Qué pesado eres!	Wie nervig du bist!
	enterao	Schlaukopf
	Eres marchoso.	Du bist witzig.
wörtl.: Adler	**águila**	cleveres Bürschlein
	Eres muy macho.	Du bist 'n dufter Typ.
	chivo	Angeber
	pajolero	aufdringliche Type
Klotz	**tronco**	Kumpel
	ninchi	aufdringliche Type
	soplagaitas	jemand, der sich für wichtig hält
	pestiño	Langweiler
	guapo	Schöner

sie zu ihr über ihn

pibe	Typ
pureta	Alter
tontaina	Depp
gachó	Macker, Kerl

pollopera	verweichlichtes Söhnchen
amigazo	guter Kumpel
pichabrava	kleinmütiger Mensch
chorbo	Freund, Lover
macarra	skrupelloser Typ
pupi/ capullo	Jüngling

Calella de Palafrugell, Costa Brava

golfo	jemand, der viele Frauen hat	
voceras	Eingebildeter	
buitre	einer, der keine auslässt	*Geier*
tener lios con mujeres	in Weibergeschichten verwickelt sein	
tiene mucha cara	der ist unverschämt	*hat viel Gesicht*
tarado	Idiot	

er zu ihr

cariño	Liebling
cachas molanas	hübsche Beine
cachas guays	geile Beine
parienta	Ehefrau
jay	Mädchen
chocho	Puppe
titi	Äffchen
enana	Zwerg
guapa	Schönheit
¡Asuquiqui!	Ausruf von Machos, wenn eine hübsche Frau vorbeigeht

er zu ihm über sie

Karosse	**carroza**	„alte“ Frau über 30
Flicken	**apaña**	Geliebte
	La tía me cae bien.	Die Tante gefällt mir.
Stütze	**arrimo**	Geliebte
	cantúa	etwas füllig, aber geil
Distel	**cardo**	keine Schönheit
	pindonga	Herumtreiberin
	gachí	attraktive Frau
Hühnerauge	**calio**	hässliche Frau
	jaca	Stute
Möse	**chochín**	Tussy
Massiv	**maciza**	gut gebaute Frau
	rubia de frasco	blond gefärbte Frau
	putilla	eine, die leicht zu haben ist

rubia de botella	Wasserstoffblondine	*Blonde aus der Flasche*
Está loca por la música.	Die ist leicht rumzukriegen.	*Die ist verrückt nach Musik.*
chorba	Mädchen, Mieze	
tigresa	heiße Frau, steiler Zahn	
tía	Alte	*Tante*
tragona	eine, die leicht zu haben ist	*Gefräßige*
buscona	Frau, die viele Lover hat	*Sucherin, Dirne*
loba	eine, die keinen auslässt	*Wölfin*
chislama	Mädchen, Girl	
campeona de natación	Frau ohne Po und Brust	*Meisterin im Schwimmen*
folladora 💣	geile Alte	
calientapollas	eine Frau, die Männer heiß macht und dann fallen lässt	
foca	hässliches Weib	*Seehund*
ligona	eine, die sich leicht anmachen lässt	
es de Castellón de la Plana	Frau mit wenig Busen	**Castellón de la Plana** *ist ein Ort in der Nähe von Valencia –* **plano** = *eben/ flach*
chochete 💣	Tussi, Alte – Vorsicht beim Gebrauch, steht auch für „Fotze"!	

Prostituierte	
chipichusca	**putiplista**
pelandrusca	**chirlata**
piculina	**ramera**

er/sie über „es“

	hacer la rosca	jemandem schmeicheln
beißen	**encoñarse**	sich verlieben
	morder	küssen
verbinden	**calado**	sehr verliebt
	ligar	anmachen
Verbindung	**magrear**	fummeln
sich erhitzen	**ligue**	Anmache
kleines Trinkglas	**calentarse**	sich aufgeilen
	cortadillo	Anmache
	en coritatis	nackt
	fornicar	rumhuren
zum Schuss bereitmachen	**arrejuntarse**	unverheiratet zusammenleben
	ponerse a tiros	eine Frau anmachen
	dar el braguetazo	sich mit einer reichen Frau verheiraten
eine (Frau) über den Stein bringen	**despartarse**	sich trennen
Futteral	**pasar a una por la piedra**	eine Frau rumkriegen
Luftballon	**funda**	Kondom
Gummi	**globo**	Kondom
Regenschirm	**goma**	Kondom
	paraguas	Kondom

Die Geschlechtsteile

Ja, und dann geht es eigentlich schon in die nonverbale Kommunikation. Trotzdem will ich auch zu fortgeschrittener Stunde niemanden sprachlos lassen. Die wörtliche Übersetzung gibt ansatzweise Aufschluss über den Sprachlevel:

Penis, Pimmel, Schwanz

butifarra	*Ziehharmonika*	**nabo**	*Rübe*
chisme	*Ding*	**palo**	*Stock*
chorizo	*Paprikawurst*	**pepino**	*Gurke*
chorra	*Wasserstrahl*	**pica**	*Dorn*
cimbel	*Lockvogel*	**picha**	*Stange*
cipote	*Stange*	**pincho**	*Stachel*
cola	*Schwanz*	**pito**	*Pfeife*
escopeta	*Flinte*	**pluma**	*Feder*
látigo	*Peitsche*	**polla**	*junge Henne*
morcilla	*Wurst*	**verga**	*Rute*

© Archiv Turespaña

Madrid

Hoden, Eier, Sack			
bolas	*Kugeln*	**colgantes**	*die Hängenden*
canicas	*Murmeln*	**güitos**	*Zylinder*
cojines	*Hoden*	**huevos**	*Eier*
cojones	*Hoden*	**pelotas**	*Bälle*
cojonazos	*Hoden*	**peras**	*Birnen*
criadillas	*Hoden*	**timbales**	*Trommeln*

Busen, Brüste, Titten	
delantera	*Vorderteil*
limones	*Zitronen*
escaparate	*Schaufenster*
mostrador	*Schaukasten*
pitones	*Höcker*
tetas	*Zitzen*
pulmones	*Lungen*
pechos	*Brüste*
globos	*Kugeln*

quisquilla
= *Spitzfindigkeit*

Vagina, Möse		
agujero	*Loch*	**quisqilla**
alcanía	*Sparbüchse*	**chichi**
almeja	*Muschel*	**chisme**
castaña	*Kastanie*	**chochada**
concha	*Muschel*	**chocho**
conejo	*Kaninchen*	**chumino**
guardapolvo	*Staubmantel*	**coño**
mochuelo	*Kauz*	**coñe**
pimiento	*Paprika*	

Ausdrücke zum Geschlechtsverkehr

Alles was folgt, heißt im Prinzip 'bumsen', aber, wie immer, macht auch hier der Ton die Musik:

acostarse con	*mit jemandem schlafen*
arrimarsela	*sie stemmen*
birlársela	*ihr einen Schuss geben*
calzarse a una mujer	*eine Frau beschlafen*
cepillar	*bürsten*
chingar	*bumsen*
quilar	*bumsen*
trincar	*bumsen*
echar caliche	*Kalk auswerfen*
echar polvo	*Pulver auswerfen*
encamarse	*ins Bett legen*
enrollarse	*sich mit jemandem einlassen*
follar	*vögeln*
hacer el amor	*Liebe machen*
joder	*ficken*
mojar el churro 💣	*Spritzgebäck nass machen*
mojar la almeja 💣	*die Muschel nass machen*
pasar a una por la piedra	*sie über den Leisten ziehen*
picarla	*sie stechen, picken*
ponerle una inyección	*ihr eine Injektion verpassen*
tirarsela	*sie hinlegen*
trajinar	*hin und her bewegen*

masturbieren	
cinco contra uno	*fünf gegen einen*
frotársela	*sich reiben*
hacer puñetas	*wichsen*
hacerse una paja	*sich einen Strohhalm machen*
machacársela	*es sich zerquetschen*
tocar la campana	*die Glocke läuten*
hacerse un dedo	*sich einen Finger machen*

Cunnilingus	
comer el coño 💣	*die Fotze essen*
hacer la bufanda	*den Schal machen*
bajarse al pilón 💣	*lecken*

Fellatio	
bajarse	*sich runterbeugen*
bajar a la pila	*zur Batterie runtergehen*
hacer el francés	*den Franzosen machen*
hacer una mamada 💣	*lutschen*
lavado de cabeza 💣	*Kopf waschen*
chupar la polla	*Schwanz lutschen*

Brüste lutschen	
hacer una cubana	*eine Cubanerin machen*

Literaturhinweise

Auf dem deutschen Markt gibt es meines Wissens nur eine Arbeit, die sich mit dem Thema spanische Umgangssprache beschäftigt:

Die hier genannten Bücher/Schriften sind nicht über den Reise Know-How Verlag erhältlich.

Werner Beinhauer: **1000 spanische Redensarten,** Langenscheidt 1980, 2001. *Eine Auflistung von idiomatischen Redensarten, die durch humorvolle Illustrationen ergänzt sind.*

In Spanien lassen sich darüber hinaus verschiedene Werke finden. Nach dem Ende der Franco-Ära und dem Aufkommen der **movida** beschäftigten sich einige Autoren mit den neuen sprachlichen Phänomenen:

Julia Sanmartín Sáez: **Diccionario de Argot,** Editorial Espasa Calpe, 1998. *Eine Fleißarbeit! Die Autorin hat 4700 Beispiele der Umgangssprache auf 877 Seiten zusammengetragen, meines Wissens eine unschlagbare Zusammenstellung!*

Delfín Carbonell Basset: **Diccionario del Argot,** el Sohez, Larousse 2000. *Ein Querschnitt durch die Alltagssprache im familiären, beruflichen und freundschaftlichen Kontext.*

José Calles Vales: **Jergas, Argot y Modismos,** Libsa 200. *Der Titel könnte der Name für ein Uni-Seminar sein, und ein wenig versteht sich das Buch auch so. Vorgestellt werden Begriffe aus der Alltagssprache, die man so nicht in den Wörterbüchern findet.*

Register

© Hans-Jürgen Fründt

Auf den folgenden Seiten finden Sie ein alphabetisches Verzeichnis der meisten Begriffe, die in diesem Buch vorgekommen sind. Es soll Ihnen helfen, einen Ausdruck zu finden, den Sie in irgendeinem Zusammenhang gehört haben, aber von dem Sie nicht wissen, was er bedeutet. Hinter jedem Wort steht die Seitenzahl, auf der ein Ausdruck mit diesem Wort auftaucht.

A

B

Register

D

M

N

O

P

Q

R

S

T

U

V

W, Y, Z

sound)))trip®
Neu bei
REISE KNOW-HOW
REISE KNOW-HOW
Iceland
978-3-8317-5114-3
The Andes
978-3-8317-5102-0
Scotland
978-3-8317-5118-1
Turkey
978-3-8317-5120-4
Ireland
978-3-8317-5117-4
Bellydance
978-3-8317-5113-6
Cuba
978-3-8317-5105-1
Switzerland
978-3-8317-5104-4
Northeast Brazil
978-3-8317-5107-5
The Balkans
978-3-8317-5110-5
Die Compilations der CD-Reihe sound)))trip stellen die typische Musik eines Landes oder einer Region vor.
Die mit zehn Veröffentlichungen startende Reihe ist der Beginn einer einzigartigen Sammlung, einer Weltenzyklopädie aktueller Musik.
Jedes Jahr sollen unter dem Musik-Label sound)))trip mindestens zehn CDs hinzukommen.
Seit März 2008
im Buchhandel erhältlich
Jede Audio-CD
ca. 50–60 Min. Spieldauer
22-seitiges Booklet
Unverbindl. Preisempf.:
15,90 € [D]
in cooperation with:
(((piranha)))
Kostenlose Hörprobe im Internet unter:
www.reise-know-how.de

Der Autor

Mehr von Hans-Jürgen Fründt bei Kauderwelsch:

„Spanisch für die Dominikanische Republik"
978-3-89416-328-3

„Plattdüütsch"
978-3-89416-322-8

Hans-Jürgen Fründt studierte Spanisch in Madrid an der Universidad Complutense und in Hamburg. In Spanien verbrachte er mehrere Jahre. Recht schnell bemerkte er den Unterschied zwischen der Alltagssprache, die auf der Straße und in den Bars gesprochen wird, und der Unisprache. Somit verlagerte er schon frühzeitig seine Studien auf die Straße, um die wirklich gesprochene Sprache zu erlernen. Der Autor hat mittlerweile 40 Bücher gemacht, 15 davon über Spanien. Aus diesem Grund hält er sich heute so oft in spanischsprachigen Ländern auf, wie es nur geht.